GRAUBÜNDEN

Fotografie und Text:
Ursula Pfistermeister

Südwest

Inhalt

Die Bilder der Inhaltsseiten zeigen im Uhrzeigersinn einen Hirten bei St. Antönien, die Oberengadiner Seen, die Berge über Maloja bei aufziehendem Sturm und einen blumengeschmückten Balkon bei Saas.

Das Bild auf Seite eins entstand bei einer Viehversteigerung im Prättigau, das Bild auf Seite zwei zeigt Soglio im Bergell vor den Gipfeln der Sciora- und Bondascagruppe.

ALANDA BRAU
39

Die Viehzucht ist immer noch eine der wichtigsten Erwerbsquellen der bäuerlichen Bevölkerung Graubündens. Zu Viehversteigerungen wie der Prättigauer Rinderauktion in Jenaz kommt man, um zu sehen, zu kaufen und um Erfahrungen auszutauschen (beide Bilder).

Auf den steilen Wiesen bei Soglio ist das Heuen auch heutzutage eine mühsame, durch keine Maschine zu erledigende Arbeit (oben). Wie in alten Zeiten reihen sich in dem Bergeller Maiensäß die mit schweren Steinplatten gedeckten Häuser und Ställe (rechts).

Nachfolgende Doppelseite: Großartig ist das Bild der Berninagruppe von der Fuorcla Surlej aus: Zwischen Piz Bernina und Piz Roseg zieht der Tschiervagletscher mit seinen ausgeprägten Seitenmoränen hinunter ins Rosegtal.

Graubünden – die Schweiz im kleinen

Via Mala, böser, gefährlicher Weg, nannten die Römer den schmalen, größtenteils in den Fels geschlagenen Pfad, mit dem es ihnen gelang, die tiefe Schlucht des Hinterrhein am Ausgang ins Domleschg ohne kräftezehrende Umwege zu bezwingen.

Graubünden muß man lieben: nicht allein seinen Winter, der dem Sportler alle Möglichkeiten bietet. Auch seinen Frühling, der in den südlichen Tälern, im Misox und im Puschlav, mit blühenden Mandelbäumen Einzug hält, wenn jenseits von San Bernardino- und Berninapaß noch alles im Schnee versinkt. Seinen Frühsommer und Sommer, in dem die Tage lang und strahlend sind und das Blühen Tag um Tag höher die Berge hinaufsteigt. Seinen Herbst, der die Lärchenwälder des Engadin in flammendes Gelb verwandelt: Rund und wohlgenährt wird das Vieh dann von den Almen getrieben, im Rheintal lesen die »Herrschäftler« ihren Wein, in den rauchenden Rösthütten des Bergell trocknen die Kastanien.

Gern bezeichnet man diesen Landstrich als »Miniaturausgabe der Schweiz«. Tatsächlich hat er mit der Gesamtschweiz viel gemein, nicht allein Dreisprachigkeit und politische Strukturen. Kaum ein anderer Schweizer Kanton aber kann sich in der Vielfalt seiner natürlichen und kulturellen Gegebenheiten mit Graubünden messen, mit dieser zentralsten aller europäischen Alpenlandschaften, die mit ihrem heutigen Namen erst im 15. Jahrhundert in den Quellen auftaucht. Zur Wahrung des Landfriedens, zur Sicherung der Verkehrswege und damit der wirtschaftlichen Prosperität schlossen sich damals die drei bestehenden rätischen Bünde zusammen, jene »drey Grawen Pundt«, wie sie sich nannten, aus denen die »Grawen Bünden« und schließlich dann Graubünden wurde.

Berge, Täler, Schluchten – die Landschaft Graubündens

Graubünden nimmt mit einer Fläche von 7109 Quadratkilometern ein Sechstel der Eidgenossenschaft ein und ist damit der größte der 25 Kantone: ein ausgesprochenes Bergland, das mit seiner mittleren Höhe von über 2100 Metern alle übrigen Regionen des weiten Alpenbogens übertrifft und mit dem Gipfel der Bernina 4049 Meter erreicht. Dabei liegen rund 90 Prozent des bündnerischen Bodens über 1200 Meter hoch, leben rund ein Drittel aller Graubündner zwischen 1200 und 2100 Metern, während im übrigen Gebiet der Eidgenossenschaft nicht einmal zwei Prozent in derartigen Höhen zu Hause sind. Stolz erinnern die Graubündner daran, daß sie mit dem 2126 Meter hoch gelegenen Dorf Juf im Averser Tal die höchstgelegene Dauersiedlung Europas besitzen. Stolz weisen sie aber auch darauf hin, daß San Vittore im Misox lediglich 275 Meter über dem Meeresspiegel liegt und sich in ihrem Kanton Norden und Süden verschwistern.

Gleichförmig ist in diesem Schweizer Kanton ohnehin nichts, nicht einmal die geologischen Verhältnisse. Liegt Graubünden doch an jener Stelle, an der während der zeitlich und räumlich höchst komplexen Alpenbildung, die vor ungefähr hundert Millionen Jahren begann, ganz unterschiedliche Gesteinsschichten aufeinandertrafen, die sich ineinander verzahnten oder schuppenartig übereinanderschoben und schließlich auch noch verfaltet wurden. »Bausteine« waren entweder Sedimente verschiedenen Alters, darunter mächtige Kalkschichten und der äußerst fossilienarme sogenannte Bündner Schiefer, oder Eruptivgesteine und kristalline Gesteine wie Granite, Gneise, Diorite. Wesentlich jünger sind nur die Granitintrusionen des Bergell, die mit ihren scharfen Kanten, ihren Pfeilern und Wänden das Klettern in der Sciora- und Bondascagruppe für viele zum besonderen Erlebnis werden lassen.

Seine heutige geologische Gestalt verdankt Graubünden jedoch erst der Millionen Jahre währenden, immer neuen Abfolge von Hebungen und Abtragungen, in deren Verlauf die Erosion alle schroffen Formen milderte. Nagte sich doch Wasser ins Gestein, beschleunigten Frost und Wind die Verwitterung. Hinzu kam noch die Überformung

durch die Eisströme des Quartärs, die im Inntal immerhin 1600 Meter mächtig waren. Sie schürften Kare aus, schärften Kämme wieder zu Graten und weiteten viele Täler zu U-förmigen Trögen. Sie ließen Seen zurück, Moränenwälle, Gletscherschliffe und Gletschermühlen, aber auch viele Gletscher, die sich seit etwa hundert Jahren allerdings in stetem Rückzug befinden.

Nicht zuletzt ließ die quartäre Vereisung jene drei Flußsysteme entstehen, die Graubünden zu einer Hauptwasserscheide Europas machen. Wer sich auf den Weg hinauf zum Lunghinpaß macht, wird in 2645 Metern Höhe auf einen höchst ungewöhnlichen Wegweiser stoßen: »Inn / En (Schwarzes Meer)« heißt es da, »Maira / Mera (Adriatisches Meer)« und »Julia Wasser (Nordsee)«: Von hier aus fließen die Wasser Graubündens mit Inn und Donau ins Schwarze Meer, mit Maira, Ada und Po in die Adria, mit der Julia in die Nordsee, bildet diese doch zusammen mit Vorderrhein und Hinterrhein schließlich den Rhein.

Eine Vielzahl von Tälern prägt so das Land. Sie liegen meist schon recht hoch, werden von den Bergen nicht mehr allzu weit überragt. Oft reichen sie bis zum letzten Anstieg der Pässe, so daß Pilger, Säumer und Soldaten, die einst den Weg über die Alpen suchten, nur eine kurze Strecke durch das gefürchtete unbesiedelte Hochgebirge hinter sich zu bringen hatten.

Letztlich waren es gerade diese Täler und Pässe – Pfade frühester Wanderungen des Menschen durchs Gebirge, Straßen der Römer und der Könige und Kaiser des Mittelalters, wichtige Transportrouten der Kaufleute –, die Graubünden zum Mittler zwischen den Kulturen des Südens und Nordens machten. Dabei werden die Täler oft durch Talengen und wilde Schluchten, von denen die Ruin Aulta, die Via Mala und die Rofla-Schlucht nur die bekanntesten sind, in jene größeren und kleineren, in sich abgeschlossenen Räume unterteilt, die lange Zeit eine Welt für sich bildeten und mit eigenem Namen und eigener Identität für die Entwicklung Graubündens in vielfacher Hinsicht von bestimmender Bedeutung waren.

Wo man den Steinbock im Wappen hat – die Pflanzen- und Tierwelt Graubündens

Weinberge um Maienfeld und Malans, Obstgärten, Weizen- und Maisfelder im Domleschg, Feigen- und Mandelbäume im Misox, Kastanienhaine im Bergell und Lärchenwälder im Engadin, üppige Wiesen und Matten, auf denen schon im ausapernden Schnee das Weiß und Hellviolett des Frühlingskrokus erscheint, karge Hochweiden und kahler Fels: So vielgestaltig wie die geologischen Gegebenheiten und das Relief Graubündens ist auch die Pflanzen- und Tierwelt des Landes. Dabei sind die Eingriffe des Menschen häufig kaum weniger prägend als die natürlichen Gegebenheiten wie Bodenbeschaffenheit, Klima und Höhenlage.

Die Tierwelt

Die Fauna unterscheidet sich nicht grundsätzlich von der bei uns heimischen. Doch ist die Vogelwelt wegen der meist großen Höhenlage Graubündens nicht besonders artenreich. Rund 290 Arten kommen vor, nur die Hälfte davon als Brutvogel, wobei Uhu und Schneehuhn, einige Spechtarten, Kolkrabe und Tannenhäher, Dohle, Schneefink und Ringdrossel, Alpenbraunelle, Fichtenkreuzschnabel, Hauben- und Tannenmeise sowie der Hausrotschwanz als Charaktervögel gelten können. 197 Arten von Tagfaltern wurden in Graubünden ausgemacht, zwölf Reptilienarten – bis in 3000 Metern Höhe kann man der Bergeidechse begegnen – und 70 Arten von Säugetieren, darunter Stein- und Rotwild, Reh, Feld- und Schneehase, Gemse, Fuchs und Dachs, Edel- und Steinmarder, Wiesel, Hermelin und Eichhörnchen. Doch sind auch hier Arten ausgestorben, andere vom Aussterben bedroht. Luchs, Iltis und Wildkatze, Fischotter und Bartgeier sowie der 1848 zum letzten Mal bei Tarasp beobachtete Wolf sind längst ausgerottet. Der letzte Bär der Schweiz wurde 1904 im Val S-charl von einem Jäger getötet, ausgerechnet im Gebiet des zehn Jahre später nach langwierigen Verhandlungen im Unterengadin eingerichteten Naturschutzreservats.

Wie das Haus Pingera in Sta. Maria im Val Müstair sind viele Bündner Häuser mit dem Wappen der »Drei Bünde« geschmückt.

Im Tal von St. Antönien: Der Bergwald bestimmt das Bild vieler Graubündner Landschaften (linke Seite).

Der Schweizerische Nationalpark

In diesem mit seinen 168,7 Quadratkilometern für ein intaktes Reservat eigentlich zu kleinen »Parc Naziunal«, der alljährlich in den Sommermonaten bis zu 200 000 Besucher zu verkraften hat, sollte der Mensch nur als Gast geduldet und »die Natur vor allen menschlichen Eingriffen geschützt« werden. Dabei war das zu beiden Seiten der Straße zum Ofenpaß gelegene Gebiet alles andere als unberührt. Vom 11. bis ins 17. Jahrhun-

Zum Bündner Frühling gehört die Blütenpracht der Alpenblumen: Frühlings-Enzian (oben), Gelbe Alpen-Küchenschelle, Schrofenrösl und Gletscherhahnenfuß (rechte Seite, von oben).

dert wurden hier Silber, Blei und Eisen gewonnen: Il Fuorn, die Bezeichnung des Ortes, an dem einst die Schmelzöfen standen, und der Name Ofenpaß (Pass dal Fuorn) erinnern heute noch daran. Viel Holz wurde damals geschlagen, und noch im 19. Jahrhundert fielen der Axt ganze Wälder zum Opfer, deren Holz man zu den Salinen von Hall in Tirol verfrachtete.

Inzwischen beginnt sich der Wald zu erholen und zu verwandeln: Auf den einstigen Kahlschlägen siedeln sich Legföhren an; an anderen Stellen werden die Bergföhrenwälder dank Hähersaat von Arven- und Lärchenwäldern abgelöst. Trägt doch der Tannenhäher, dessen rauhe Stimme kaum zu verwechseln ist, mit seiner Gewohnheit, an den unterschiedlichsten Stellen als Wintervorrat Samen zu verstecken, viel zur Regeneration der Bergwälder bei.

30 Säugetierarten leben inzwischen wieder im Park, 60 Vogelarten brüten, darunter neben dem sonst selten gewordenen Auer- und Birkwild, neben Stein-, Schnee- und Haselhühnern bis zu drei Steinadlerpaare. Ob es gelingt, den seit Frühjahr 1991 ausgewilderten Bartgeier in diesem Gebiet wieder zum Brutvogel zu machen, muß erst die Zukunft zeigen. Vermehrt haben sich Gemsen und Murmeltiere, von denen inzwischen mehr als tausend Exemplare beobachtet werden. Auch Hirsch und Steinbock, die zur Zeit der Parkgründung fehlten, sind wieder heimisch: Die hier zwischen 1920 und 1934 ausgesetzten Steinböcke haben sich mittlerweile auf rund 200 vermehrt. In ganz Graubünden aber ist die gewissermaßen in letzter Minute erfolgte Wiedereinbürgerung des Graubündner Wappentiers, das ohne weiteres den Winter auch bei Temperaturen von minus 30 Grad in höchsten Höhen übersteht, so gut gelungen, daß in 14 Kolonien nun wieder etwa 6000 Exemplare dieses »Königs der Berge« leben. Die Hirsche, die das Gebiet des Nationalparks von Österreich her aus eigener Kraft zurückeroberten, vermehrten sich ohne natürliche Feinde rasch auf über 2000 Stück, was von Fachleuten keineswegs positiv beurteilt wird. Gilt es doch als Zeichen dafür, daß der Nationalpark – beobachtet und erforscht wie kaum ein anderer auf der Welt – sein natürliches ökologisches Gleichgewicht noch nicht gefunden hat.

Die Pflanzenwelt

Die Flora Graubündens ist uns in tieferen Lagen recht vertraut. Von der Edelkastanie in den südlichen Tälern bis hinauf zu den Arven und Legföhren im Gebirge sind fast alle Baumarten Mitteleuropas vertreten, bedeckt doch heute der Wald – wenn auch zunehmend krank und gefährdet – rund ein Viertel der Fläche des Kantons.

Besonders auffallend aber sind die alpinen Pflanzen, die mit der Fülle und der leuchtenden Farbigkeit ihrer Blüten vor allem Frühling und Frühsommer für jeden Naturfreund zum Erlebnis werden lassen. Angesiedelt zwischen Waldgrenze und ewigem Schnee, haben sie sich ihren extremen Lebensbedingungen optimal angepaßt: der intensiven Lichteinstrahlung, dem Wechsel zwischen Trockenheit und ausdauernden Regenfällen, den heftigen Winden und der starken Verdunstung, dem lockeren Boden der Geröllhalden, der Kälte – ein Höhenanstieg von hundert Metern bedeutet in der Regel einen Temperaturrückgang um rund 0,6 Grad Celsius – und nicht zuletzt der durch die lange Schneebedeckung auf höchstens fünf Monate verkürzten Vegetationsperiode.

Ganz unterschiedlich sind die Mittel, die den Pflanzen das Überleben ermöglichen: Sie schützen sich wie Küchenschellen oder Edelweiß mit dichtem Flaum, bilden wie das duftende Steinröschen und die Bärentraube ledrige oder wie die Hauswurzarten dicke, fleischige Blätter, die viel Wasser speichern können. Sie sind kleinwüchsig, ducken sich wie viele Primeln in enge Felsspalten, haben immergrüne Blätter wie die Soldanellen oder tief reichende Pfahlwurzeln, mit denen sie sich wie der Alpenmohn auch auf lockerem Schutt behaupten können. Sie bilden weitverzweigte Ausläufer wie die Silberwurz, dichte Polster wie das Stengellose Leinkraut, das Zwerg-Seifenkraut oder der Alpen-Mannsschild, aber auch Rosetten wie manche Primel- und Steinbrecharten, wie das Alpen-Fettkraut, das sich als Fleischfresser zusätzlich Nährstoffe verschafft. Nur der Gletscher-Hahnenfuß kann ohne sichtbare Anpassung noch in 4000 Metern Höhe existieren.

Die »Drei Bünde« – zur Geschichte Graubündens

Vor- und Frühgeschichte

Schon in der mittleren Steinzeit folgten Sammler, Jäger und Fischer den von der Natur vorgezeichneten Wegen. Funde beweisen, daß in der Bronzezeit (1800–800 v. Chr.) entlang der Flußtäler auch größere Siedlungen entstanden und selbst Wildbäche, Wald und Gebirge in den Lebensraum einbezogen waren. Die wesentlichere Rolle spielte damals in diesen abgelegenen Gebieten jedoch nicht die Landwirtschaft, sondern die Nutzung metallhaltigen Gesteins. So waren es nicht allein die Bauern, die dem Land zu einer ungewöhnlich frühen Blüte verhalfen. Mindestens so wichtig waren die Bergleute und jene Händler, die über die Pässe hinweg rege Beziehungen pflegten. Dies änderte sich auch in der Eisenzeit nicht, in der sich allmählich eine nach Stämmen orientierte regionale Gliederung herausbildete und der Bündner Alpenraum bereits jene Bedeutung erlangte, die ihm dank seiner Pässe bis in die jüngste Zeit als Mittler zwischen Nord und Süd zukommt.

Die Römer

Das ganze Gebiet mit seinen verhältnismäßig leicht begehbaren Pässen fiel im Jahr 15 v. Chr. an die Römer. Ihnen scheint zunächst nur die sichere Verbindung zwischen ihrem Stammland und den unter Augustus bis an die Donau vorgeschobenen nördlichen Besitzungen wichtig gewesen zu sein. Erst nachdem Diokletian 284 n. Chr. die Provinz Rätien aufgeteilt hatte und der Provinz »Raetia prima« in der topographisch wie strategisch so günstig gelegenen Hauptstadt »Cura Raetorum« (Chur) ein weithin ausstrahlendes administratives, militärisches und kulturelles Zentrum erstanden war, begannen römische Lebensart, römische Sprache und nicht zuletzt das Christentum eine nachhaltigere Rolle zu spielen.

Schon im Jahr 451 ist Chur als Bischofssitz bezeugt. Als Rätien dann knapp hundert Jahre später an Franken fiel, waren römische Verwaltung, römisches Recht und Christentum schon so gefestigt, daß man für die folgenden Jahrhunderte geradezu von einem fränkisch-churrätischen Kirchenstaat sprechen

Die älteste Großplastik Graubündens ist die um 1165 entstandene lebensgroße Statue Karls des Großen in der Klosterkirche Müstair.

kann: Rund 230 Kirchen soll es im Jahr 823 im Bistum Chur neben den bereits im ausgehenden 7. Jahrhundert gegründeten Klöstern Cazis und Disentis und den im späten 8. Jahrhundert dazugekommenen Klöstern Müstair und Mistail gegeben haben. Den damals keineswegs geringen Einfluß einheimischer Familien beweist der Aufstieg der Victoriden, die zeitweilig die höchste weltliche und geistliche Macht in einer Person vereinten. Fast zwei Jahrhunderte bestimmten sie die Geschicke des faktisch unabhängigen Landstrichs, der formal jedoch bis zum Untergang der Hohenstaufen mit dem Frankenreich verbunden blieb.

Von den Karolingern zum geistlichen Feudalstaat

Die Karolinger konnten ein reiches Erbe antreten. Karl der Große (742–814), dem es in erster Linie auf die Festigung des Reiches ankam, trennte das geistliche vom weltlichen Amt, berief deutschsprachige Vertrauensleute und machte Chur zu einem Zentrum des deutschen Einflusses: Während im Tello-Testament von 765 noch kaum ein deutscher Name erscheint, sind im Urbar des karolingischen Königsguts von 831, dem Verzeichnis aller Abgaben und Besitzungen, bereits zwei Drittel aller Lehnsnehmer Deutsche.

Machtpolitisch änderte sich zunächst nur wenig. Die Bischöfe von Chur und die Äbte von Disentis wußten ihre beherrschende, unabhängige Stellung weiter auszubauen. Schritt für Schritt erwarben sie im Bereich der wichtigsten Paßstraßen umfangreiche Ländereien, zumal Ottonen und Staufer in ihrem Mißtrauen gegenüber den großen aufstrebenden Adelsgeschlechtern – den Herren von Vaz und Rhäzüns, von Sagogn-Wildenberg, von Tarasp, Sax-Misox und Belmont – die für sie in strategischer Hinsicht so wichtigen Bündner Pässe lieber in geistlichen als in weltlichen Händen sahen und daher Bischöfe und Äbte durch zahlreiche Schenkungen unterstützten. Obwohl auch der Adel, voran die Herren von Vaz und Sax-Misox, seinen Besitz auszuweiten wußte und durch die Ansiedlung von freien Walsern einen entscheidenden Beitrag zur Erschließung des Landes leistete, war Mitte des 14. Jahrhunderts aus dem fränkisch-churrätischen Kirchenstaat ein geistlicher Feudalstaat geworden, in dem der Bischof von Chur – Reichsfürst wie der Abt von Disentis – zum größten und mächtigsten Grundherrn aufgestiegen war.

Das Entstehen des Freistaats »Gemeiner Drei Bünde«

Die immer gefährlicher erscheinende Expansionspolitik der Habsburger – 1363 gewannen sie Tirol, wenig später auch Vorarlberg –, der Bischof Gelyto aus persönlichen Interessen nicht entschieden genug entgegentrat, führte 1367 zur Gründung des »Gotteshausbundes«: Domkapitel, Churer Bürger und Ministerialen schlossen sich mit den Talgemeinden an der »Oberen Transitroute« (Domleschg, Schams, Oberhalbstein, Unterengadin) gegen Habsburg und den Bischof zusammen. Dreißig Jahre später gründeten der Abt von Disentis, der Graf von Sax-Misox und der Freiherr von Rhäzüns zusammen mit den Talgemeinden des Vorderrheintal zur Sicherung des Landfriedens und der Verkehrswege jenen »Grauen Bund«, der, 1424 in Trun beschworen, dem heutigen Graubünden seinen Namen gab. Schließlich taten sich 1436 im »Zehngerichtebund« auch die freien Walser des Prättigaus, des Schanfiggs und der Landschaft Davos zusammen, deren Bauerngemeinden bereits Selbstverwaltung und die freie Wahl eines Ammanns (Gemeindevorsteher) kannten.

1471 erfolgte der Zusammenschluß der »Drei Bünde«. Gemeinsam vertrat man von nun an seine Interessen nach außen. Gemeinsam erkämpfte man sich in den Wormserzügen

den freien Warenverkehr mit Oberitalien, gemeinsam erwarb man die »Herrschaft« um Maienfeld und Malans und verteidigte in den beiden Müsserkriegen das 1512 eroberte Veltlin, Chiavenna und Bormio. Vor allem aber trat man gemeinsam und zum erstenmal an der Seite der Eidgenossen im Schwabenkrieg gegen Österreich-Habsburg an: Die siegreiche Schlacht an der Calven gilt geradezu als Markstein der Bündner Geschichte und besiegelte im Jahr 1499 endgültig die Unabhängigkeit der »Drei Bünde«.
Wurden den Talgemeinden von Anfang an ausdrücklich Mitsprache und unterschiedliche andere Rechte eingeräumt, so gelang es ihnen dank der Schwächung der kaiserlichen wie der bischöflichen Gewalt und dem Niedergang des Adels, allmählich alle weltliche Macht an sich zu ziehen. 1524 und 1526 gaben sie sich mit den »Ilanzer Artikeln« eine gemeinsame Verfassung: Von nun an liegt die eigentliche Staatsgewalt bei den 52 Gerichtsgemeinden und ihren freiheitsdurstigen Bauern, die ihr Gebiet nach Gutdünken völlig souverän verwalten, die sich Gesetze geben und Recht sprechen. In außenpolitischen Fragen aber hatte der abwechselnd in Chur, in Ilanz und Davos zusammentretende Bundestag zu entscheiden: Der Freistaat der »Gmeine Drey Pündt« war geboren und auf dem besten Weg, auch im Kräftespiel der europäischen Mächte zu einem interessanten Faktor aufzusteigen.

Zankapfel und Spielball der Großmächte

Dank der föderalistischen Struktur Graubündens führten Reformation und Gegenreformation innerhalb des Landes zu keinen größeren gewalttätigen Auseinandersetzungen. Doch brachte die Zeit der Glaubensspaltung ganz andere Probleme. Graubünden – wegen seiner Pässe strategische Drehscheibe Europas – geriet ins Kreuzfeuer der einander bekämpfenden Großmächte Österreich-Spanien und Frankreich-Venedig, die sich die Hilfe der führenden Familien wie des einfachen Volkes mit Ämtern und Solddiensten, mit klangvollen Titeln und klingender Münze zu sichern wußten. Mancher kam damals wie die Salis und Planta zu Ansehen und Reichtum. Das Land aber geriet an den Rand des Abgrunds und versank im 17. Jahrhundert während der »Bündner Wirren« in Korruption und Anarchie. Jörg Jenatsch, der als exaltierter Pastor und patriotischer Volksführer von mitreißender Rednergabe war, dieser ebenso fähige Kriegsmann wie ränkevolle, skrupellose Diplomat wird zur schillernden Symbolfigur der Epoche. Gewalttätig, macht- und besitzgierig, fand er während der Fasnacht des Jahres 1639 im Gasthaus »Zum staubigen Huetli« in Chur unter den Axthieben seiner Gegner den Tod. Seinem Land aber rettete er die Einheit: Es kam zur Einigung mit Madrid und Wien, zu einer Periode der wirtschaftlichen und kulturellen Blüte. Den Bündnern blieb jedoch

Das um das Jahr 700 in der Waldeinsamkeit errichtete Kloster Disentis übte lange Zeit auch politisch großen Einfluß aus (oben).
Benedikt Fontana, dem Sieger der Schlacht an der Calven, hat man in Chur ein Denkmal gesetzt (unten).

Der Prättigau – das Bild entstand in Jenaz – gehört zu jenen Gegenden Graubündens, in denen Walserdeutsch gesprochen wird.

noch lange jener Ruf gefährlichen Ungestüms, der die Eidgenossen genauso davor zurückschrecken ließ, sie unter sich aufzunehmen, wie es den Bündnern ein Greuel war, ihre Eigenstaatlichkeit aufzugeben.

Vom Freistaat der »Drei Bünde« zum Kanton Graubünden

Schenkte die Herrschaft der führenden Familien dem Land während der Barockzeit zunächst eine Fülle prächtiger Schlösser, Patrizierhäuser und Kirchen, so brachte ihr Eigennutz zusammen mit dem Partikularismus der Talgemeinden die Alpenrepublik erneut an den Rand des Abgrunds. Zudem wurde das Land der Pässe im ausgehenden 18. Jahrhundert noch einmal in die Auseinandersetzungen zwischen Frankreich und Österreich verwickelt. 1797 ging das Veltlin verloren. Wie ein Kartenhaus brach der Freistaat der »Drei Bünde« im Sturm der Französischen Revolution zusammen. Schließlich verfügte Napoleon I. 1801 in Malmaison kurzerhand die Eingliederung Bündens in die Eidgenossenschaft: Ein halbes Jahrhundert später war »Alt Fry Rhätien«, dessen innerer Aufbau sich mit der Verfassung von 1854 grundlegend änderte, endgültig zum Schweizer Kanton geworden.

Drei Sprachen, sieben Idiome – die Bündner Sprachenvielfalt

Der Kanton Graubünden ist selbst hinsichtlich seiner Sprachenvielfalt eine Schweiz im kleinen. Von den rund 182000 Einwohnern sprechen 57,6 Prozent deutsch, 23,4 Prozent rätoromanisch, 13,5 Prozent italienisch. Damit ist Graubünden der einzige dreisprachige Kanton der Schweiz. Wie in der Schweizer Verfassung heißt es auch in Artikel 46 der Kantonsverfassung: »Die drei Sprachen... sind als Landessprachen gewährleistet«.
Mit der Dreisprachigkeit aber ist es in diesem Kanton nicht genug. Spricht man doch in Graubünden eigentlich acht Sprachen: neben dem Italienischen die beiden deutlich unterschiedenen deutschsprachigen Idiome Churdeutsch und Walserdeutsch (das Hochdeutsch ist in ständigem Rückzug begriffen) sowie die Idiome der fünf rätoromanischen Sprachinseln. Kein Wunder, daß sich die Legende gerade ihrer Vielfalt angenommen hat: Gott, der einen großen Schatz an Sprachen geschaffen hatte, ließ diese in Säcke füllen und durch seine Engel über die Erde verteilen. Nach ihrer Rückkehr stellte sich heraus, daß offensichtlich ein Gebiet vergessen worden war. Berichtete doch der kleine Engel, der als letzter eintraf, er habe eine von hohen Bergen umgebene Gegend gesehen, in der sich die Menschen nur mit Gebärden verständigten. Dies gefiel Gott gar nicht, aber er war auch nicht willens, diesen Bergbewohnern zuliebe noch einmal eine Sprache zu erfinden. Also beauftragte er die Engel, jene Reste, die sich in den Säcken fanden, einfach über die Gebirgstäler zu verteilen. So ent-

stand das Rätoromanische, und deshalb spricht man nun im Vorderrheintal Sursilvan, zwischen Heinzenberg, Flims und Schams Sutsilvan, am Oberhalbstein und im Albulatal Surmiran, im Unterengadin Vallader und im Oberengadin Puter. Wobei eine dieser rätoromanischen Sprachen – auch wenn Puter von alters her als besonders vornehm gilt – so klangvoll ist wie die andere. Schaut man sich in der Geschichte Graubündens um, so erkennt man, daß sich die Bündner keineswegs immer einig waren und daß sie sich durchaus blutig bekriegen konnten. Bis in die jüngste Zeit aber gab es keinen ernsten Streit um die Sprache: Fünf Jahrhunderte hindurch fühlte man sich in Graubünden über alle Sprachgrenzen hinweg als Bündner. Als »Ursprache« Graubündens kann ohnehin weder das Rätoromanische noch das Deutsche gelten: Ist doch völlig unbekannt, wie jene rätischen, vielleicht von Etruskern und Illyrern beeinflußten Stämme sprachen, die hier als erste siedelten. Daran ändert auch die Tatsache nichts, daß man Gemeindenamen wie Scuol, Savognin, Glion (Ilanz) oder Trun bis in alträtische Zeit zurückdatiert und der keltische Ursprung einiger Worte wie etwa crap (Stein), tschess (Adler) oder schiember (Arve) unverkennbar ist.
Überschaubarer werden die Verhältnisse nach 15 v. Chr. Mit den Römern setzten sich in Graubünden nicht nur militärische Organisation und römische Verwaltung durch. Allmählich spielte auch das Lateinische, zum Teil gekoppelt an das Vordringen des Christentums, in der Sprache der Bevölkerung eine zunehmend wichtige Rolle.
Einen erneuten Wandel brachte vom 6. Jahrhundert an der Vorstoß der Germanen und die Eingliederung Churrätiens in das Frankenreich. Mit seinen deutschen Verwaltungsbeamten, dem deutschen Feudaladel, hielt auch die deutsche Sprache Einzug. Damals blieb zwar der weitaus größte Teil des heutigen Graubünden romanisch, doch begann sich nun jenes typisch bündnerische Rätoromanisch zu entwickeln, das – formal dem Latein verpflichtet – rätische und deutsche Einflüsse nicht verleugnet.
Für das Entstehen rein deutschsprachiger Gebiete war die im 12. und 13. Jahrhundert einsetzende Besiedelung der oberen Talstufen und Hochterrassen durch im Rhônetal rekrutierte, aus dem Alemannischen eingewanderte Walser entscheidend. Sie machten Teile des Vorderrheintal, das Lugnez, Valser- und Safiental, das obere Avers, Rheinwald und Prättigau, die Landschaften um Davos und das Schanfigg zu rein deutschen Siedlungs- und Sprachgebieten. Schließlich hatte sich auch entlang der vom Bodensee kommenden und von Chur ausstrahlenden Paßstraßen das Deutsche im 15. Jahrhundert endgültig durchgesetzt: jenes Churdeutsch, das mit seinem charakteristischen, auf alemannische Wurzeln zurückreichenden aspirierten »k« eigentlich »Khurdeutsch« zu schreiben wäre. Es klingt unseren Ohren am vertrautesten und wird auch von den nun

Straßenplausch in Scuol/Schuls. Wie im gesamten Unterengadin spricht man hier Vallader, eines der rätoromanischen Idiome Graubündens.

Romanische Kirchen wie Sta. Maria del Castello (oben) oder San Gian bei Celerina (unten) gehören zu den eindrucksvollsten Bauten Graubündens.

mehr und mehr deutsch sprechenden Romanen übernommen, die inzwischen nahezu ausnahmslos zweisprachig sind. Denn, ob man dies nun begrüßt oder nicht: Anders als das Italienische im Misox, im Bergell oder Puschlav, das in einer großen Sprache Rückhalt hat, ist das Rätoromanische schon seit dem 19. Jahrhundert einer zunehmenden Bedrohung ausgesetzt. Waren es damals der Ausbau des Schulwesens und des Bahnnetzes sowie der einsetzende Tourismus, die das Vordringen des Deutschen förderten, so ist es heute der wirtschaftliche und soziale Wandel, der in den rätoromanisch sprechenden Teilen des Landes mit den Bergbauern als Trägern der angestammten Kultur auch ihre Sprache gefährdet.

Ob es genügt, daß man sich dieser Gefahr bewußt ist, ob es ausreicht, daß die »Ligia Romontscha/Lia Rumantscha«, der Dachverband der Rätoromanen, sich für eine einheitliche Schriftsprache, das »Rumantsch Grischun«, einsetzt und es heute eigene Radio- und Fernsehprogramme gibt, um das Rätoromanische vor der völligen Unterwanderung zu retten, wird sich künftig zeigen.

Romanisch, das ist die Sprache des Herzens, Deutsch die Sprache des täglichen Lebens, so sagt man in den rätoromanischen Landschaften Graubündens. Das ist kaum übertrieben, dominiert doch im Berufsleben und in allen öffentlichen Belangen längst das Deutsche. Mancherorts scheint Rätoromanisch fast schon zu einer Art Geheimsprache geworden zu sein. In den feinsten Geschäften von St. Moritz kann es passieren, daß sich das Personal in Dingen, die der Kunde nicht verstehen soll, in Puter verständigt. Ganz aus der Luft gegriffen ist auch die Behauptung nicht, die Engadiner würden untereinander deutsch sprechen, doch wenn ein Deutscher oder Deutschschweizer hinzukommt, gern ins Rätoromanische überwechseln, um so nach außen hin deutlich ihre Eigenständigkeit zu demonstrieren.

Burgen, Kirchen, Bauernpaläste – Architektur in Graubünden

Die durch die Geschichte geförderte Fähigkeit der Bündner, Fremdem mit Offenheit zu begegnen, das Eigene mit Zähigkeit zu bewahren und beides schließlich zu etwas Neuem zu verschmelzen, wird kaum anderswo so sichtbar wie in der Kunst, sei es nun in der Architektur, der Malerei oder Plastik.

Frühe Kirchenbauten

Der Einfluß der Antike ist in der Architektur Graubündens bis weit ins frühe Mittelalter hinein spürbar. Dies wird nicht allein in den wenigen intakten, unter der Erde liegenden Bauwerken aus vorkarolingischer Zeit deutlich: in der vermutlich noch aus dem 3. Jahrhundert stammenden römischen Grabkammer unter St. Stephan in Chur, dem nicht zugänglichen kleinen Rundbau der Disentiser Krypta oder der Ringkrypta von St. Luzius in Chur. Spätantike Einflüsse lassen sich auch bei den Kirchen der karolingischen Zeit nicht übersehen, von denen uns immerhin fünf im wesentlichen unverändert erhalten blieben: der schlichte, auf ravennatische Art durch Lisenen gegliederte Rechtecksaal von St. Martin in Cazis (7. Jh.), der kleine Rundbau von S. Lucio in San Vittore (8. Jh.), die Kapelle St. Peter von Domat/Ems (um 800) und nicht zuletzt die beiden großartigen höchst charakteristischen Bauten von Mistail und Müstair. In beiden Fällen handelt es sich um Klosterkirchen, die um oder vor 800 erbaut wurden, bei St. Peter in Mistail – ganz einsam liegt es heute hoch über der Schynschlucht – um eines der ältesten, weitgehend unversehrten Gotteshäuser in der ganzen Schweiz. Beides sind einfache Saalbauten mit drei Apsiden, ein Typus, der vor allem in Graubünden vorkommt und von Byzanz mindestens so sehr beeinflußt ist wie von der Hofschule Karls des Großen.

Wesentlich reicher vertreten ist die Zeit des 11. bis 13. Jahrhunderts, die Zeit der Romanik. Zahlreiche Kirchen – meist schlichte Rechteckbauten mit eingezogener Apsis – entstehen damals überall im Land. Vielgeschossig wachsen ihre schlanken, an die Architektur Oberitaliens erinnernden Campanile wie in Poschiavo und Sent, in Mesocco, Hohenrätien oder Jörgenberg in den Himmel. Auch der Churer Bischof Adalgott beginnt Mitte des 12. Jahrhunderts mit dem Bau einer neuen Kathedrale: Die dreischiffige Pfeilerbasilika, die süddeutsche, französische und lombardische Einflüsse ganz eigenständig abwandelt und nach mehr als hundertjähriger Bauzeit schließlich frühgotische Anklänge zeigt, sollte zur bedeutendsten hochmittelalterlichen Kirchenanlage Graubündens werden.

Der Burgenbau

Eine mindestens so wichtige Rolle wie der Kirchenbau spielt um diese Zeit der Bau von Burgen. Herausgelöst aus dem Verband des Dorfes und auf schwer zugänglichen Höhen und Felsklippen errichtet, oft im 15. Jahrhundert ohne vorherige Zerstörung verlassen – nur wenige waren wie Tarasp ernsthaft in kriegerische Ereignissse verwickelt –, gehören Burgen und Burgruinen heute in Graubünden zu den eindrucksvollsten Zeugnissen der mittelalterlichen Architektur wie des herrschaftlichen Lebens der Zeit.
Schon die Römer hatten Kastelle und Sperren wie Castelmur und Mesocco errichtet, und auch in karolingischer Zeit ist von befestigten Gebäuden die Rede. Burgen im eigentlichen Sinn entstehen jedoch erst mit der Feudalisierung des Alpenraums an der Wende vom 10. zum 11. Jahrhundert: Sind Burgen doch in erster Linie Herrschaftszentren des Adels, jener kleinen Schicht, die sich durch Machtfülle und umfangreichen Besitz als »nobilis« von der übrigen Bevölkerung abhebt und zu deren wichtigsten Vertretern um diese Zeit die Herren von Vaz und Rhäzüns, von Sagogn, von Sax und Belmont gehörten. Vor 1150 entstandene Burganlagen sind oft ausgedehnt. Sie bestehen wie der in Graubünden auffallend häufig vertretene, manchmal in sehr frühe Zeit zurückreichende Typ der Kirchenburg, der zunächst nur als Fluchtburg genutzt wurde, aus einer lockeren Ansammlung von Gebäuden, die ursprünglich von einer nicht besonders kräftigen Ringmauer umgeben wurden. Wie Hohenrätien oder Hohentrins, wie Jörgenberg und Mesocco beherrschen sie oft wichtige Schlüsselstellungen und wurden daher später vom Adel übernommen und ausgebaut.
Erst von der Mitte des 12. Jahrhunderts an, zu einer Zeit, als die Landesherrn ihren Ministerialen zunehmend Burgen als Lehen gaben, gewannen diese auch als repräsentatives Statussymbol an Bedeutung. Sichtbaren Ausdruck findet der neue Monumentalstil, der sich nun endgültig durchsetzt, in massigeren Mauern, in der Verwendung von Bossen- und Buckelquadern und vor allem im

Wie bei Innerjuvalt (oben) und Strassberg (unten) ist der Bergfried oft der markanteste Baukörper der zahlreichen Bündner Burgruinen.

Typische Engadiner Häuser, wahre »Bauernpaläste«, säumen die Dorfstraße von Guarda.

Bergfried, jenem mächtigen Turm, der, mitunter zum Wohnturm ausgebaut, mehr als alles andere Macht und ritterliches Selbstbewußtsein demonstriert. Oft genug prägt er höchst eindrucksvoll noch das Aussehen der heutigen Ruinen, man denke nur an Ramosch oder Steinsberg, an Belfort, Straßberg und Campi, an Hohenrätien, Jörgenberg oder Innerjuvalt. Es ist in erster Linie der Bischof von Chur, der nun – nach dem Ausbau der bischöflichen Veste Marsöl zu Chur um das Jahr 1200 – zur Festigung seines Territorialanspruchs zahlreiche Burgen errichtet: vom nahen Marschlins über Ortenstein und Guardaval bis hin zur Vintschgauer Churburg. Ein Jahrhundert später beginnt der Burgenbau zu stagnieren: Die Veränderung des Lebensstils bedingt neue Formen des Bauens. Selbst jene Burgen, die als landesherrliche Festung wie Mesocco oder als Amtssitz wie Tarasp und Belfort noch verstärkt wurden, um den neuen Feuerwaffen Widerstand leisten zu können, verloren mit der Gründung der drei Bünde und der Übernahme der herrschaftlichen Rechte durch die Talgemeinden letztlich ihre Funktion. Weitaus die meisten Burgen wurden aufgegeben und verlassen. Nur manchmal wurde ein Bergfried wie in Surcasti oder Ilanz zum Kirchturm umfunktioniert oder wie in Vicosoprano, in Poschiavo oder Bergün in die neuen Rathausbauten integriert und als Gefängnis genutzt. Nur höchst selten hat man eine Anlage – wie etwa in Rhäzüns, Ortenstein oder Marschlins geschehen – den neuen Erfordernissen des Wohnens und Repräsentierens angepaßt.

Gotik und Renaissance

Erst in der zweiten Hälfte des 15. Jahrhunderts erlebte die Baukunst eine neue Blüte. Es ist das erstarkte Selbstbewußtsein der souverän gewordenen Talgemeinden, das nun im Laufe eines Jahrhunderts ringsum im Land mehr als hundert Kirchen entstehen läßt. Selbst wenn der Österreicher Steffan Klain mit der kraftvollen Gedrungenheit seiner Bauten und dem Reichtum seiner Gewölbefigurationen als Wegbereiter der Bündner Spätgotik gilt und der Innsbrucker Lorenz Hölzli der Pfarrkirche von Stierva das reichste Sterngewölbe Graubündens schenkte: Die »Bündner Gotik« – und dies ist höchst charakteristisch für Graubünden – gewinnt in der eigenwilligen Abwandlung fremder Einflüsse letztlich doch ein ganz eigenes Gesicht. So findet sich auch nirgendwo sonst jener Kontrast zwischen gewölbtem Chor und holzgedecktem, geschnitztem, bemaltem Schiff, der zum Beispiel die Pfarrkirche San Gian süd-

lich von Celerina oder auch die romanische Kirche Sta. Maria in Pontresina auf so überraschende Weise auszeichnet.
Reformation und Bündner Wirren legten im 16. und bis weit hinein ins 17. Jahrhundert den Kirchenbau weitgehend lahm. Eine neue Schicht widmete sich dem Bauen: Wird Schloß Haldenstein – die heute in Berlin befindliche Vertäfelung der »Prunkstube« zählt zu den kostbarsten Tischlerarbeiten der Bündner Frührenaissance – noch von einem Adeligen, vom Gesandten des französischen Königs bei den »Drei Bünden« Johann Jakob von Castion, erbaut, so sind es bald die durch Handel und den Dienst unter fremden Fahnen zu Einfluß und Reichtum gekommenen Bündner Familien, wie die Salis in Seewis und Grüsch, die Planta in Samedan und Zuoz, die Sprecher in Luzein und die à Marca in Mesocco, die sich herrschaftliche, in ihrer rauhen Umgebung geradezu palastartig wirkende Häuser errichten.

Bündner Bauernhäuser

In dieser Zeit festigt sich landauf, landab auch das charakteristische Gesicht der Bündner Häuser und Dörfer. Obwohl es eigentlich immer nur darum geht, bäuerliches Leben und Wirtschaften optimal zu organisieren, bildet sich eine Vielfalt der Bauweise heraus, die der Vielfalt der Landschaften entspricht: Die eher nüchternen Steinhäuser des Puschlav und Misox, die mit schweren Schieferplatten gedeckten Häuser des Bergell, die Holzhäuser der Walser im Prättigau und der Landschaft Davos, die ausladend-behäbigen Steinhäuser des Engadin haben so wenig miteinander gemein wie die walserischen Streusiedlungen der Surselva oder des Avers mit den eher städtisch wirkenden Dörfern an Inn und Albula. Weitaus am auffallendsten ist neben dem fast völlig aus Holz und im Blockbau – die Schweizer sprechen von »Strickwerk« – errichteten Walserhaus mit seinem dunklen Balkenwerk und seinen frommen Aufschriften das Engadiner Haus, das auch die Dörfer des Albulatals prägt. Wohn-, Wirtschaftsgebäude und Hof liegen bei ihm unter einem Dach. Weit ausladend überdeckt dieses Sulèr (Durchfahrt) und Wohnräume mit Stube (Stüva), Küche (Chadafö) und Vorratsraum (Chaminada) im Erdgeschoß und Schlafkammer (Chambra) unterm Dach sowie den tiefer liegenden, durch eine eigene Einfahrt erschlossenen Hof (Cuort) mit dem Mistplatz. Stall, Keller und Heuboden sind von dort aus zu erreichen. So braucht der Bauer während des viele Monate dauernden Winters das schützende Haus nicht zu verlassen, um sein Vieh zu versorgen. Dieses Engadiner Haus ist nicht nur nützlich. Es paßt sich auch wie kaum ein anderer Haustyp Straßenführung und Platzgestaltung an, ohne dabei das eigene Gesicht zu verlieren. Dieses ist geprägt von mächtigen, weiß gekalkten Mauern, von tiefliegenden, unregelmäßig angeordneten Fenstern mit abgeschrägten Gewänden, von Erkern, Sgraffiti und geschmiedeten Fenstergittern. Wer es sich leisten konnte – und wer konnte oder wollte es sich damals nicht leisten, als neben Säumern und Fuhrleuten heimkehrende Zuckerbäcker und der Kriegsdienst unter fremder Fahne Geld ins Tal brachten –, scheute keinen Aufwand, um seinem Haus außen wie innen ein repräsentatives Aussehen zu geben, es zu einem wahren Bauernpalast mit vertäfelten Räumen und geschnitzten Möbeln zu machen.

Vom Barock bis ins 20. Jahrhundert

Im Barock erlebte Graubünden noch einmal eine Blüte des Sakralbaus. Bauleute und Künstler aus dem Misox, die barockes Bauen und Gestalten auch nach Bayern und Österreich brachten, schufen bereits früh so eindrucksvolle Bauten wie die Pfarrkirchen von Tiefencastel, von Mon und Vrin. Doch nicht allein in den katholischen Talgemeinden ent-

Das charakteristische Engadiner Haus – wie etwa hier in Ardez (oben) und in Filisur (unten) – zeichnet sich durch mächtige Tore, tiefliegende Fenster, Erker und Sgraffitischmuck aus.

Glanzleistungen der Romanik sind der Löwenreiter in der Krypta der Churer Kathedrale (oben) und die Fresken in der Klosterkirche Müstair (rechts oben: die Steinigung des heiligen Stephanus).

stand eine Vielzahl festlich ausgestatteter Kirchen und Kapellen – allein im Umkreis von zwei Gehstunden weihte Bischof Ulrich von Mont im Juni 1663 im Oberhalbstein sechs Neubauten –, sogar die Protestanten des Puschlav und des Engadin wurden vom barocken Überschwang erfaßt. Die großen Bündner Familien standen nicht zurück. Bis heute prägen ihre damals entstandenen Palazzi wie in Bondo und Soglio ganze Ortschaften. Disentis aber, bereits um 700 gegründet und das älteste Benediktinerkloster der Schweiz, erhält ein ganz neues Gesicht. Mit dem mächtigen Block seiner Klosterbauten und der eindrucksvollen Doppelturmfassade seiner Kirche beherrscht es von nun an auch optisch das ganze Tal.
Selbst wenn zu Beginn des 19. Jahrhunderts noch eine ganze Anzahl von Gebäuden im sogenannten Bündnerstil entstand, bei denen man Gestaltungselemente des 17. Jahrhunderts zeitgemäß abwandelte: Die große Zeit des Bauens ist auch in Graubünden vorbei. Was in den folgenden 120 Jahren errichtet wurde – erste, höchst anspruchsvolle Hotels und die oft großartigen, harmonisch in die Landschaft eingefügten Ingenieurbauten der Rhätischen Bahn –, weist schon hinüber zu den von Technik und Freizeitbedürfnissen geprägten Bauten unserer Tage.

Gemalt und geschnitzt – Graubünden und die bildende Kunst

Künstlerischer Reichtum wirkt in einer Alpenregion wie Graubünden besonders überraschend. Dank seiner Paßverbindungen war dieser Landstrich jedoch früh eingebunden in überregionale Entwicklungen. Dabei konnte sich hier, wo die Selbständigkeit der Talschaften die zentrale herrschaftliche Macht bald ablöst und Bürger- und Bauernfamilien neben Bischöfen, Klöstern und Adeligen zu Trägern der Kultur werden, trotz aller Aneignung fremder Einflüsse und der Tätigkeit fremder Meister, oft ein ganz eigenständiges künstlerisches Schaffen herausbilden.

Karolingische und romanische Zeit

Die hochstehende Kunst der karolingischen Zeit begegnet uns nicht allein in den Fragmenten der marmornen Chorschranken von Disentis, Müstair und Chur, die mit ihrem Flecht- und Rankenwerk zu den besten derartigen Arbeiten der Zeit zu zählen sind.
Die Klosterkirche von Müstair besitzt in der um 800 entstandenen Ausmalung auch den umfangreichsten, bedeutendsten Zyklus derart früher Wandmalereien. Nicht umsonst zählt ihn die UNESCO zum Kulturerbe der Welt. Eine bei aller Klarheit spannungsreiche Komposition prägt diesen monumentalen, von bräunlichen Rottönen dominierten Bilderbogen, dessen oberste Farbschicht verloren ist. In seinen Gestalten verbindet sich ein neuer Realismus mit überkommenen antiken Formen. Dagegen prägt die farbkräftigen, rund 400 Jahre jüngeren Fresken in den Apsiden, die zu den Glanzleistungen der Romanik zu zählen sind, ein ganz anderer Geist. Obwohl sie sich eng an das karolingische Programm halten, sind sie in der dynamischen Körpersprache ihrer oftmals höfisch, ja preziös wirkenden Figuren weit expressiver, schon auf dem Weg in eine neue Zeit.

Noch ganz der Romanik gehört die in den dreißiger Jahren des 12. Jahrhunderts entstandene Holzdecke von St. Martin in Zillis. Neben jener von Hildesheim ist sie die älteste, nahezu vollständig erhaltene figürlich bemalte Decke dieser Epoche in Europa. In 153 Feldern, Bild an Bild, reihen sich die durch bemalte Leisten voneinander abgegrenzten, großenteils dem Leben Christi gewidmeten Tafeln. Sie sind in ihrer Bewegtheit und Farbigkeit völlig graphisch aufgefaßt und stammen höchstwahrscheinlich von einem einheimischen, an der ottonischen Buchmalerei geschulten Meister, der hier zusammen mit einem Gehilfen arbeitete.
An plastischen Arbeiten hinterließ die Romanik in Graubünden weit weniger. Doch ist die um 1050 entstandene Thronende Madonna aus Chur (Schweizer Landesmuseum Zürich) die älteste Holzstatue der ganzen Schweiz. Wichtig ist auch auf diesem Gebiet die Klosterkirche Müstair, wo sich neben einem Relief der Taufe Christi (vor 1087) die Stuckfigur Karls des Großen (um 1165) findet, die älteste Großplastik Graubündens. Den kostbarsten Schatz romanischer Bildhauerkunst besitzt jedoch die Kathedrale in Chur mit ihrer unter lombardischem und provenzalischem Einfluß entstandenen Bauplastik: den Skulpturen der Kapitelle in Langhaus und Chor, dem Löwenreiter unter dem Gewölbe der Krypta und den vier schlanken Apostelsäulen, die ursprünglich vielleicht eine Kanzel trugen.

Frühgotik

Die Wandmalerei spielt auch in der Frühgotik Graubündens eine wesentliche Rolle. Auffallend sind die zahlreichen monumentalen Christophorusdarstellungen dieser Zeit, die sich nur sehr selten wie in Mistail im Kircheninneren befinden. Da man glaubte, der Anblick des Heiligen bewahre vor einem jähen, unbußfertigen Tod, schmückt sein Bild meist überlebensgroß eine weithin sichtbare Außenwand. Häufig ist der Heilige wie an St. Martin in Platta oder Sta. Maria del Castello bei Mesocco als jugendlicher Mann im kurzen Rock eines Vornehmen der Zeit dargestellt, das Kind auf der Schulter, von keiner Bürde niedergedrückt.
Zu den weitaus bedeutendsten Schöpfungen der Epoche gehören die Arbeiten des Waltensburger Meisters, der im 14. Jahrhundert im Gebiet der Herren von Vaz, Rhäzüns und Belmont in mindestens elf Kirchen tätig war. Seine beiden wichtigsten Freskenzyklen, jene in St. Georg bei Rhäzüns – grandios der Drachenkampf des heiligen Georg – und in

Die Wandmalereien des Waltensburger Meisters (links oben, in Rhäzüns) und die Christophorus-Darstellungen an der Kirche Sta. Maria del Castello bei Mesocco (unten) sind Kostbarkeiten der Bündner Frühgotik.

Eine Besonderheit der Bündner Architektur ist die Vorliebe für Sgraffiti – eine Technik, die man schon 1577 in Vicosoprano für die Darstellung eines Zweikampfes benutzte (oben) und die heute vor allem im Unterengadin wieder häufig eingesetzt wird (unten, in Ardez).

der Pfarrkirche von Waltensburg, zeigen ihn als einen mit den Stiltendenzen Süddeutschlands wie der Lombardei vertrauten Maler, als einen Künstler, der ausgefeilte Technik, klare Komposition und originelle Erfindung mit außergewöhnlichem Empfindungsreichtum zu verbinden wußte.
Gut hundert Jahre später schufen die Brüder Cristoforo und Nicolao da Seregno die Wandmalereien in Sta. Maria del Castello: Leuchtender in ihrer Farbigkeit, dabei doch kühler dem Kanon der religiösen Überlieferung folgend als die Schöpfungen des Waltensburger Meisters, zeigen sie nicht zuletzt in der einprägsamen, dem Ablauf des ländlichen Lebens gewidmeten Folge der zwölf Monatsbilder erste Anklänge der Renaissance.

Spätgotik

Die Liebe der Spätgotik gehörte den Flügelaltären, die häufig aus süddeutschen, schwäbischen Werkstätten kamen oder von wandernden Meistern gefertigt wurden. Rund ein Drittel des ursprünglichen Bestands, 32 derartige Altäre, die Heilige und Heilsgeschehen plastisch und farbig ins Zentrum der Kirchen rückten, blieb ganz oder wenigstens in Teilen erhalten. Einer der schönsten, jener figurenreiche Hochaltar, den der Ravensburger Jakob Russ von 1486 bis 1492 schuf – der größte spätgotische Altar der Schweiz –, steht in der Churer Kathedrale. Von hoher Qualität sind auch die von unbekannten Meistern geschaffenen Flügelaltäre der Pfarrkirchen von Tomils und Stierva sowie der große Schnitzaltar in St. Blasius,Tinizong, dessen Malereien von Jörg Kändel aus Biberach stammen. Besonders hervorgetan haben sich Ivo und Bernhard Strigel aus Memmingen, Vater und Sohn, die zum Beispiel für St. Andreas bei Lumbrein, St. Calixtus in Brienz, die Pfarrkirche von Bivio und nicht zuletzt die Pfarrkirche von Disentis arbeiteten. Nicht weniger wichtig war die Ulmer Schule: Die Werkstatt Jakob Ackers lieferte 1477 den Hochaltar der Klosterkirche Churwalden; aus der Werkstatt oder dem Umkreis Jörg Syrlin d.J. kamen unter anderem die Altäre von Alvaneu-Dorf, von Domat/Ems und Lain sowie der besonders liebenswürdige Flügelaltar der Pfarrkirche von Salouf (um 1500).

Barock

Die Barockzeit hat so manchen Altar der Gotik entfernt oder wenigstens zur Seite gestellt, manchmal, wie in der Sebastianskapelle von Igels, mit einem prunkend neuen Rahmen versehen. Eroberte doch ein neuer, in Formen und Farben schwelgender Stil zu Beginn des 17. Jahrhunderts in einem furiosen Siegeszug von Süden her ganz Mitteleuropa. Wozu auch aus dem Norden stammende Bündner Künstler damals fähig waren, beweist die glanzvolle Ausstattung der auf einer Hangterrasse über Trun gelegenen Wallfahrtskirche Nossadunna della Glisch (Unsere Herrin vom Licht), die der Disentiser Klosterbru-

der Fridolin Eggert gegen Ende des 17. Jahrhunderts schuf. Im übrigen ist das 17. und 18. Jahrhundert die Zeit, in der die Bündner Sgraffito-Technik ihre größte Blüte erlebte. Vor allem im Engadin liebte man es, zum Schmuck der Häuser Ornamente, stilisierte Pflanzen, groteske Fabelwesen und vieles andere aus dem noch feuchten Putz herauszukratzen. Neuerdings erfährt diese im späten 18. Jahrhundert zugunsten der Malerei weitgehend aufgegebene Technik besonders in den Dörfern des Unterengadin eine oft recht fröhliche Wiederbelebung.
In der bürgerlichen Gesellschaft begann um diese Zeit das repräsentative Bildnis eine besondere Rolle zu spielen. Angelika Kauffmann, 1741 in Chur geboren, 1807 in Rom gestorben, gewann als Porträtistin international hohes Ansehen.

Moderne

Im 19. und 20. Jahrhundert fanden neben dem Werk der beiden Wahlbündner Giovanni Segantini (1858–1899) und Ernst Ludwig Kirchner (1880–1938) vor allem die Arbeiten der aus dem Bergell stammenden drei Giacomettis weit über die Grenzen Graubündens und der Schweiz hinaus große Beachtung.

Viele Pässe – eine Bahn

Vom Colle di Tenda im Westen bis zum Semmering im Osten queren 52 Pässe die Alpen. Zehn davon liegen allein im kleinen Gebiet Graubündens. Sie wurden wohl schon in vorgeschichtlicher Zeit begangen und bildeten früh eine Brücke zwischen Nord und Süd.

Saumpfade und Paßstraßen

Sowohl Albula und Flüela als auch Bernina und Ofenpaß gewannen erst durch den Straßenbau des 19. Jahrhunderts größere Bedeutung. Die Wege über Splügen, Septimer und Julier aber hat man schon in römischer Zeit viel benutzt. Über den Septimer zog man zunächst wohl vor allem mit Saumtieren. Über den Julier fuhr man auch mit den charakteristischen, von Ochsen gezogenen einachsigen römischen Transportkarren, hat man doch mehrfach die Spuren ihrer eisenbeschlagenen Räder entdeckt. Die beiden Säulenstümpfe, die heute auf der Paßhöhe des Julier die Grenze zwischen Oberhalbstein und Oberengadin markieren, stammen vielleicht sogar von einem kleinen römischen Tempel: von einem Paßheiligtum, in dem man die Götter um Schutz anflehte in der »Scheußlichkeit der Alpen«, wie es der römische Geschichtsschreiber Livius ausdrückte.
Daß diese Bündner Pässe in der römischen Kaiserzeit auch als Militär- und Postwege von Interesse waren, beweist die Tatsache, daß im »Itinerarium Antonini«, dem offiziellen Verzeichnis aller römischen Straßen der Zeit um 300 n.Chr., zwei von Como nach Chur führende Verbindungswege aufgelistet sind, von denen der eine wohl über den Splügen,

Graubünden ist ein traditionelles Paßland: Schon in vorgeschichtlicher Zeit wurden die hiesigen Pässe begangen. Das Bild oben entstand in der Nähe des Albula-Hospizes, das Bild unten am Oberalppaß.

der andere über Septimer oder Julier führte. Schon damals scheint jeder, der entlang dieser Routen wohnte, zu einem gewissen Frondienst verpflichtet gewesen zu sein: Man hatte sowohl Wege und Brücken zu unterhalten als auch für Verpflegung und Unterkunft der Reisenden zu sorgen und Pferde und Ochsen zur Verfügung zu stellen.

Mit dem Niedergang des römischen Imperiums verloren die Pässe zwischen Nord und Süd zunächst einiges von ihrer Bedeutung. Bald aber verbanden sich hier weltliche mit kirchlichen Interessen. Die von den deutschen Kaisern geförderten Bischöfe von Chur sorgten sich nicht nur um die Sicherheit der Rompilger. Sie garantierten den deutschen Herrschern und ihrem Gefolge auch jene gefahrlose und rasche Überwindung der Alpen, die in den Machtkämpfen des Mittelalters oft von entscheidender Bedeutung war.

Obwohl unter den Ottonen auch über San Bernardino und Lukmanier Wege angelegt wurden, blieb der heute fast in Vergessenheit geratene Septimer ein überaus wichtiger Übergang: 17mal querten hier deutsche Kaiser die Alpen. Auch Kaiser Heinrich IV. soll 1077 bei seinem berühmten »Gang nach Canossa« dieser Route gefolgt sein, die von Bivio aus über eine Paßhöhe von 2311 Metern direkt ins Bergell und nach Chiavenna führt. Wahrscheinlich befand sich an diesem Weg schon in römischer, spätestens aber in fränkischer Zeit ein Hospiz. Sicher ist, daß Giacomo de Castelmur im Einverständnis mit dem Churer Bischof 1387 hier die erste mittelalterliche, für Wagenverkehr geeignete Alpenstraße baute, nachdem die Kreuzzüge eine weitere Verbesserung der Beziehungen zwischen den deutschen und italienischen Städten und eine außergewöhnliche Belebung des Warenaustausches gebracht hatten.

Ein Jahrhundert später wurde die Via Mala »für das Rad geöffnet«. Der Hauptstrom des Warenverkehrs lief nun über Splügen- oder San Bernardino-Paß: über jene Hinterrhein-

Route, an der sich die Dörfer bald in sogenannten Porten zusammenschlossen. Diese hatten jeweils für ein bestimmtes Teilstück der Straße das Transportmonopol, unterhielten die Fahrbahn, kassierten Wege- und Geleitgeld und verteilten Aufträge unter ihren Mitgliedern. Drei-, vierhundert Pferde, samt Fuhrleuten und Ladung, waren nun manchmal im Dorf Splügen unterzubringen, während der Septimer zu verwaisen begann. Als man dann zwischen 1800 und 1880 die Bündner Straßen ausbaute, darunter auch den Julier und den seit dem 16. Jahrhundert begangenen Maloja, war das Schicksal des Septimer endgültig besiegelt.
Die Eröffnung der Gotthardbahn 1882 traf nicht nur einen Straßenzug, sondern den ganzen Kanton. Der durch alle Jahrhunderte so wichtige Verkehr über die Bündner Pässe, der dem Land notwendige Einnahmen gesichert hatte, kam praktisch zum Erliegen. Halbe Talschaften wanderten ab. Graubünden geriet an den Rand des Abgrunds, wurde zum wirtschaftlichen Notstandsgebiet.

Die Rhätische Bahn

Nachdem die Schweizerischen Bundesbahnen ihre Bündner Eisenbahnprojekte ad acta gelegt hatten, konnte der zu den Gründern des Kurorts Davos gehörende gebürtige Holländer Willem Jan Holsboer 1886/87 den Bau einer privaten Schmalspurbahn zwischen Landquart und Davos durchsetzen.
Schließlich gelang es in einer außergewöhnlichen Anstrengung und unter großen finanziellen Opfern von Kanton und Gemeinden, innerhalb eines knappen Vierteljahrhunderts das ganze weit verzweigte Netz der heutigen Rhätischen Bahn (RhB) in Betrieb zu nehmen und zu elektrifizieren. Es wurden insgesamt 394 Kilometer Schienen verlegt, 485 gemauerte Viadukte und 116 Tunnel gebaut. Weder die Schynschlucht noch die wilde Ruin Aulta, nicht die »Züge« genannte Strecke talwärts von Davos, die seit Jahrhunderten regelmäßig von Lawinen heimgesucht wird, auch nicht die tiefeingerissenen Tobel des Schanfigg, die Steilhänge des Albulatals oder der Abstieg von der Alp Grüm fast 1800 Höhenmeter hinunter ins Puschlav bedeuteten für die Ingenieure der berühmtesten Schweizer Bahn unüberwindliche Hindernisse. Es finden sich aber auch kaum anderswo so beeindruckende Kunstbauten auf so engem Raum wie bei dieser spektakulär trassierten Schmalspurbahn, die allein auf der 144 Kilometer langen, zum Teil vom Glacier-Express, zum Teil vom Bernina-Express befahrenen Strecke zwischen Chur und Tirano in stetem Bergauf und Bergab rund 4000 Höhenmeter zu bewältigen hat. Sie braucht dazu keinen einzigen Meter Zahnradsystem, schraubt sich dafür aber zwischen Bergün und Preda in vier Kehrtunnel spiralig aufwärts, zieht zwischen Alp Grüm und Cavaglia durch zehn Haarnadelkurven und dreht sich kurz vor Tirano im Kreisviadukt von Brusio nochmals, diesmal im Freien, um

Die Rhätische Bahn gehört mit ihren Kunstbauten (linke Seite, das Wiesener Viadukt) und Bergstrecken (oben, am Berninapaß; unten, an der Montebellokehre) zu den berühmtesten Privatbahnen Europas.

Szenen aus dem bäuerlichen Leben in Graubünden: die Prättigauer Rinderauktion (oben) und der Viehmarkt in Scuol/Schuls (unten).

die eigene Achse. Kein Wunder, daß sich nicht allein die Eisenbahn-Freaks für die Rhätische Bahn begeistern können, für ihre leuchtend roten Wagen und die mit dem Bündner Wappen geschmückten Lokomotiven.
Dank der Xrot 9213, jener legendären Dampfschneeschleuder, die sich geradezu hineinfrißt in die Schneemassen, überwindet die Bahn auch noch im tiefsten Winter wie selbstverständlich die Paßhöhe der Bernina, die immerhin auf 2253 Metern liegt.

Bauernland, Touristenland – wovon die Bündner leben

Entlang der größeren Flußtäler, im Churer Rheintal, im Domleschg und Misox, überall, wo verhältnismäßig leicht zu bewirtschaftender Boden zur Verfügung stand, ließen sich erste Bauernsippen schon zwischen 4000 und 2000 v. Chr. nieder. Nur langsam wagte man sich auf der Suche nach neuem Ackerland und neuen Weidegründen immer tiefer hinein in die Berge.

Ackerbauern und Viehzüchter

Bemühten sich zunächst die Klöster mit Hilfe der ansässigen Bevölkerung um die Kolonisation abgelegenerer Gebiete, so waren es im frühen Mittelalter die großen Feudalherren, die wie die Herren von Vaz oder Sax-Misox daran interessiert waren, ihre riesigen, noch unerschlossenen Ländereien durch Rodungen nutzbar zu machen. Vom späten 12. Jahrhundert an riefen sie ganze Gruppen deutschsprechender Walser ins Land, die willens waren, mit Axt und Sense auch die oberen Talstufen und Hochterrassen zwischen 1300 und 1800 Metern Höhe zu besiedeln und urbar zu machen. Obwohl ihnen die Landesherrn zahlreiche Vorrechte einräumten – nicht umsonst nannten sie sich »Freie Walser« –, mußten letztlich eine Reihe von Ansiedlungen wieder aufgegeben werden. Zu hart war das Leben: Monatelang machte der Schnee jede Verbindung mit der Außenwelt unmöglich, bei Krankheiten blieb man lange ohne jede Hilfe, und in Kriegszeiten waren die weit auseinander liegenden Gehöfte besonders gefährdet.
Die in den Tälern siedelnden Romanen betrieben vor allem Ackerbau, die Walser Viehzucht und Milchwirtschaft. Noch heute finden die wichtigsten Viehmärkte Graubündens in den deutschsprachigen Gemeinden statt, in Ilanz, in Splügen und im Prättigau. Immer und überall versuchte man, selbst kleinste und abgelegenste Fleckchen Erde zu nutzen, versprachen sie nur in irgendeiner Form Ertrag. So führten viele Bauern bis in die jüngste Zeit eine Art Nomadenleben. In den Walsergemeinden ist es durchaus üblich, daß ein Bauer für »seine lieben Tierlein« an verschiedenen Orten Ställe hat. Das Vieh bleibt jeweils so lange, bis das Gras der umliegenden Wiesen oder der dort lagernde Heuvorrat aufgebraucht ist. Früher lebten in dieser Zeit auch die Bauern bei diesen oft weit entfernt gelegenen Außenställen, heute fahren

sie mindestens zweimal am Tag dorthin. Auch die für das Bergell so charakteristischen Maiensäßsiedlungen – sie finden sich selbst im Fextal und bis nach Bivio – dienten und dienen zum Teil noch heute der Nutzung weit abgelegener und mit Transportmitteln nur schwer erreichbarer Wiesen. Mit dem Fortschreiten des Jahres lebt man in immer höher gelegenen Maiensäßen, um dort die Tiere weiden zu lassen und Heu einzubringen. Später im Jahr kommt man in verschiedenen Etappen wieder zurück ins Tal.
Heute empfinden viele Bauern dieses Leben trotz mancher Erleichterungen als Belastung. Man sieht sich zur Rationalisierung gezwungen, wandert in andere Berufe ab, verläßt den angestammten Hof – ein Phänomen, das in Graubünden nichts Neues ist.

Söldner, Zuckerbäcker und Baumeister

Obwohl die Landwirtschaft immer Basis des Daseins blieb und der transalpine Verkehr vor allem im 17. Jahrhundert für viele Bündner eine beachtliche Einnahmequelle war, sahen sich doch durch alle Jahrhunderte nicht wenige gezwungen, ihr Glück als Söldner oder Handwerker im Ausland zu suchen. Im Misox sollen zeitweilig drei Viertel der männlichen Bevölkerung im Ausland gelebt haben. Engadiner und Bergeller ließen sich seit dem 17. Jahrhundert in halb Europa als Zuckerbäcker und Cafetiers nieder. Mancherorts hatten sie geradezu ein Monopol. So sollen im Jahr 1704 von den hundert Zuckerbäckerläden Venedigs 95 in Bündner Besitz gewesen sein. Misoxer Bauleute aber waren es, die eine ganze Epoche der Kunst Süddeutschlands prägten: Errichteten doch Enrico Zuccalli und Giovanni Antonio Viscardi als Hofbaumeister der Münchner Kurfürsten die Schlösser Nymphenburg und Schleißheim, die Münchner Theatiner- und die Ettaler Klosterkirche, verwandelte Gabriel de Gabrieli Eichstätt in ein barockes Juwel.

Der Tourismus – ein neuer Wirtschaftszweig

Die weltoffene Haltung und der Pioniergeist vieler Bündner kamen dem Land auch zugute, als sich im 19. Jahrhundert mit dem Tourismus ein neuer entscheidender Wirtschaftszweig zu entwickeln begann. Schon früh war die heilende Kraft mancher Quellen bekannt. Die positive, kräftigende Wirkung reiner, trockener Höhenluft entdeckte erst das vorige Jahrhundert. Davos und bald auch Arosa verzeichneten erste Erfolge bei der Bekämpfung der Tuberkulose. Bald gehörte es zum guten Ton, in gehobener Gesellschaft den Sommer in den Bündner Bergen zu verbringen. Als dann im Jahr 1864 ein Hotelier aus St. Moritz mit englischen Dandys wettete, der Winter im Engadin habe mit seinem sonnigen Wetter auch nicht weniger zu bieten als der Sommer, hatte die Geburtsstunde der Wintersaison geschlagen. Es ist also vor allem ein Verdienst der Engländer, die sich in besonderem Maß für den

Badeorte wie Vulpera (unten) und Nobelherbergen wie das Hotel Waldhaus in Sils-Maria (oben) haben eine lange touristische Tradition.

Sport und Freizeitvergnügen werden in Graubünden im Sommer wie im Winter großgeschrieben: Gleitschirmflieger am Gotschnagrat oberhalb von Klosters.

Alpinismus und sportliche Aktivitäten jeder Art begeisterten, Graubünden als Reiseland entdeckt zu haben.
Der Ausbau der Straßen, der Rhätischen Bahn und des Streckennetzes der seit 1919 planmäßig verkehrenden gelben Postautos kamen dem aufblühenden Tourismus sehr zugute. Doch es sollte noch 25 Jahre dauern, bis die Bündner, die das 20. Jahrhundert mit einem Verbot des Autoverkehrs begonnen hatten – weniger um Kutscher und Bahn vor Konkurrenz zu schützen, als um das Vieh nicht zu gefährden –, sich bereit erklärten, ihr Land privaten Autos zu öffnen.
Heute kommen die meisten Besucher aus Deutschland, wird die Hälfte des kantonalen Bruttosozialprodukts direkt oder indirekt im Tourismus erwirtschaftet, steht Graubünden mit rund sieben Millionen Übernachtungen pro Jahr unangefochten an der Spitze aller Schweizer Touristengegenden.
Heute hat man aber auch erkannt, daß die uferlose Ausweitung von Verkehr und Tourismus nicht ohne Gefahren ist. Schon im Jahr 1980, als in der Silser Ebene eine Siedlung für 15 000 Bewohner errichtet werden sollte, brachten die Oberengadiner Gemeinden eine Million Franken, Bund, Kantone und Umweltschützer zehn Millionen Franken auf, um diese »Landschaft von nationaler Bedeutung« vor der Bebauung zu retten. Zunehmend wird man sich der Tatsache bewußt, daß die Landschaft das nicht endlos zu vermehrende Hauptkapital des Graubündner Fremdenverkehrs ist. Auf lange Sicht wird es sowohl Fremden als auch Einheimischen nützen, wenn es gelingt, den Bergbauern ihr Auskommen zu sichern und damit den Charakter und die unverwechselbare Schönheit des Landes, den Reichtum seiner Dörfer und seiner Natur zu bewahren.

»Währschaft« und herzhaft – was den Bündnern schmeckt

Bündner Fleisch, das kennt man auch im Ausland, dort bekam es seinen Namen. Bei den Bündnern heißt es Bindenfleisch: Wird diese bekannteste Spezialität des Landes doch aus einem besonders qualitätvollen, »Binde« genannten, Fleischstück des Rindes hergestellt. Nach Geheimrezepten gewürzt, muß es eigentlich sechs Sommermonate lang an der Luft trocknen, um rund 50 Prozent des Frischgewichts zu verlieren und sein charakteristisches Aroma zu gewinnen. Heute versucht man dies meist im kommerzialisierten Schnellverfahren zu erreichen, weil die Nachfrage recht groß ist: Rund zweieinhalb Millionen Kilogramm werden alljährlich inner- und außerhalb der Schweiz verspeist. Graubündens Vielfalt und die vielzitierte Fähigkeit der Bewohner, Fremdes mit Eigenem zu verbinden, zeigt sich auch bei den Spezialitäten des Landes. Früher als anderswo öffnete man sich der internationalen Küche, und selbst der anspuchsvollste Gourmet wird hier finden, was er sucht. Oft verleugnet aber auch der bodenständige

Speisezettel weder die Nähe zu Italien noch zu Tirol. Man denke nur an die Münstertaler Brotknödel, an Dolce brusco, diese kaum irgendwo ohne Polenta servierte süßsauere Leber in Rotwein, oder an die beliebte Plain in pigna, eine mit Kartoffeln und Wurst gemischte, im Ofen gebackene Polenta.
Dabei sind viele Bündner Gerichte von unverwechselbarer Eigenart. »Währschaft«, wie die Schweizer sagen, sind sie auf jeden Fall, einfach zuzubereiten und kalorienreich, wie es eine überwiegend bäuerliche Bevölkerung brauchte, die in großer Höhe hart zu arbeiten hatte. Das gilt für das einfache Chäsgatscheddar – altes Brot und Käse, in Lagen aufeinandergelegt und in Milch eingeweicht, werden in der Pfanne zu einer zähen, Fäden ziehenden Masse gebraten – wie für die Schoppa da giotta, die milchig-sämige, mit kleingeschnittenem Speck und rohem Schinken, mit Zwiebeln, Lauch, Karotten und Bohnen zubereitete Bündner Gerstensuppe, die mindestens zwei Stunden köcheln muß und eine ganze Mahlzeit ersetzt.
Währschaft und herzhaft ist auch die Königin aller Bündner Kartoffelspeisen, das Nationalgericht Maluns, das früher bei keinem Hochzeitsessen fehlen durfte: Zwei Tage vorher werden dafür Kartoffeln gekocht, dann gerieben, mit Mehl vermengt und in viel heißer Butter unter ständigem Zerstoßen und Wenden gebraten. Üblicherweise wird dazu Milchkaffee oder Apfelmus gereicht, manchmal aber auch Bergkäse.
Recht nahrhaft sind auch Capuns – die man genauso wie Maluns auf der zweiten Silbe betont –, deren Zubereitung regional vielfach abgewandelt wird. In der einfachsten Form werden kleingehackte Kräuter und viel angebratener, gewürfelter Speck, roher Schinken und Salsiz – die entfernt an Salami erinnernde Dauerwurst Graubündens – mit Spätzleteig vermischt und die mit dem Löffel abgestochenen Stücke in Salzwasser gekocht. Die Oberländer umwickeln ihre Capuns sursilvans mit Mangoldblättern und garen sie in der Pfanne. Serviert aber werden Capuns überall mit zerlassener Butter und geriebenem Käse.
Auch Pizokel, eine Art Riesenspätzle, sind eine höchst sättigende Angelegenheit. Einst ein typisch bäuerliches, aus Hartweizengries, Weizenmehl, Ei und Wasser zubereitetes Gericht (bei den Pizzocceri neri des Puschlav wird Hartweizen durch Buchweizen ersetzt), das oft mit Gemüse und Salzkartoffeln gegessen wurde, gehören sie nun zu jenen Bündner Spezialitäten, die recht häufig angeboten werden, serviert in der Regel mit geriebenem Käse und gerösteten Zwiebeln, übergossen mit heißer Butter.
Weit weniger fremd als Maluns, Capuns und Pizokel ist deutschem Gaumen der auf nahezu jeder Speisekarte zu findende Bündner Teller: Roher Schinken, Salsiz und geräucherte Hauswurst, vor allem aber hauchdünn geschnittenes Bündner Fleisch sind mit Essiggurken und Tomaten garniert. Vertrauter sind uns auch all die Wildgerichte, die oft

Nicht umsonst finden Bündner Berg- und Alpkäse und Bündner Geißkäse auf dem Herbstmarkt in Ilanz begeisterte Abnehmer.

zusammen mit frischen Pilzen serviert werden. An erster Stelle stehen da die beliebten Hirsch-, Gems- und Rehpfeffer aus gebeiztem Fleisch, manchmal wird sogar Murmeltierpfeffer angeboten. Findet man Junglamm und Gitzi (Zicklein) vor allem um die Osterzeit im Frühjahr auf den Speisekarten, so gehören die Wildgerichte wie der heimische Käse zu den kulinarischen Freuden des Herbstes. Bündner Berg-, Alp- oder gar Geißkäse hat zwar nicht die überregionale Bedeutung manch anderer Schweizer Käsesorten. Doch wenn die Käselaibe im September nach einer Reifezeit von zwei bis drei Monaten von der Alp ins Tal gebracht werden, braucht sich der Bündner Käse vor seinen bekannteren Konkurrenten auf keinen Fall zu verstecken.

Nicht zu verstecken braucht sich auch, was aus den Backstuben Graubündens kommt, dessen Zuckerbäcker einst in halb Europa zu Hause waren. Vieles ist lange haltbar. So etwa das Bündner Birnbrot oder die tuorta da nusch Engiadinaisa, die berühmte Engadiner Nußtorte. Jeder Bäcker und Konditor, der etwas auf sich hält, aber auch viele Hausfrauen haben da ihre Geheimrezepte. Das Bündner Birnbrot besteht fast immer aus Feigen, Rosinen und Nüssen in wechselnder Menge, vor allem aber aus Dörrbirnen, umgeben nur von einem dünnen Teigmantel. Auch bei der tuorta da nusch ist die Füllung aus kleingehackten Walnüssen und Honig wesentlich dicker als der Mürbteig ringsum.

Bündner Wein

Der bekannteste Bündner Wein, der Veltliner, kommt seit 200 Jahren aus dem Ausland. Sind doch viele Weinberge im Veltlin, das seit 1512 Bündner Untertanenland war, 1797 seine Unabhängigkeit erklärte und erst im Wiener Kongreß endgültig verlorenging, noch immer im Besitz von Bündner Familien. Sie keltern dort so bekannte Weine wie Grumella, Sassella, Inferno und Stägafässli, aber auch den Sforzato, einen kräftigen, trockenen »Strohwein« mit einem Mindestalkoholgehalt von 14,5 Prozent.

Echt heimischer Wein wächst im Misox, wo der Merlot zu einem weichen, fruchtigen Roten mit viel Blume ausgebaut wird und der Nostrano als regionale Spezialität gilt, vor allem aber im Rheintal.

Schon im Jahr 765 – ältester Beleg für Weinbau in der Schweiz – ist im Testament des Bischofs Tello von Chur von Weinbergen bei Ilanz die Rede. Welche Rebsorten damals gekeltert wurden, ist nicht bekannt, möglicherweise reicht die Rebkultur hier aber sogar noch bis in vorrömische Zeit zurück. Dabei liefern die Weinberge des Churer Bischofs noch heute Wein: Unterhalb der Straße nach Arosa wächst der Churer Schiller, ein leichter und süffiger Rosé, der jung getrunken werden will.

Wesentlich ausgedehnter sind die Anbaugebiete um Maienfeld und Malans, wo der Herzog von Rohan im 17. Jahrhundert die Blauburgundertraube eingeführt haben soll. Heute entfallen 90 Prozent der dort stockenden Reben auf Blauburgunder; die restlichen zehn Prozent liefern Weißweine, die unter dem Namen der Rebsorte angeboten werden und an denen der Kenner das feine Bouquet schätzt: Riesling gekreuzt mit Silvaner (8 %), Gewürztraminer, Grauburgunder, Chardonnay und so alte Rebsorten wie Completer und Freisamer. Die beliebten roten »Herrschäftler« werden unter Ursprungs- oder Lagebezeichnung vermarktet: als Maienfelder, Malanser, Jeninser, Fläscher oder Zizerser, als Schloß Salenegg oder Marschallgut. Sie zeichnen sich durchweg durch hohe Qualität aus. Eine Spezialität sind die »Beerliweine«: ausgewogen vollmundige, samtige Spätburgunder von tief rubinroter Farbe, die erst nach zwei bis drei Jahren ihre ganze Fülle erreichen, dann aber auch internationale Konkurrenz nicht zu scheuen brauchen.

Das 1914 errichtete Langwieser Viadukt ist einer der schönsten Brückenbauten der Rhätischen Bahn: 62 Meter über dem Talboden überspannt es auf einer Länge von 287 Metern in schwebend leichter Eisenbetonkonstruktion die Plessur.

Schloß Marschlins ist die einzige Wasserburg Graubündens. Die eindrucksvolle Vierflügelanlage mit ihren runden Ecktürmen wurde im 13. Jahrhundert errichtet und nach 1635 von Marschall Ulysses von Salis prunkvoll erneuert und ausgebaut.

Von alters her ist die »Herrschaft« um Maienfeld Weinland. Zu den ersten Trauben, die hier gelesen werden, gehören alljährlich die Riesling-Sylvaner-Trauben im Weinberg »Römersteig«.

Über die Weinberge des Bischofs fällt der Blick auf die Altstadt von Chur: links der »Hof« mit Kathedrale, bischöflicher Residenz und dem mächtigen Turm Marsöl; rechts die »bürgerliche Stadt« um die Pfarrkirche St. Martin.

Idyllische schmale Gassen wie die Süßwinkelgasse hinauf zum Hofturm bestimmen noch heute den Charakter der Churer Altstadt.

Der zwischen Martinskirche und Obertor gelegene Arcas ist der größte und schönste Platz in der Churer Altstadt. Hier trifft man sich in einem der Straßencafés und auf Flohmärkten, bei Festivals oder Openair-Konzerten.

Wer Chur aufmerksam durchstreift, wird mancherlei Kostbarkeiten entdecken: Erker und wappengeschmückte Portale, geschnitzte Türen und kunstvoll geschmiedete Gitter, wie dieses an einem Haus im Welschdörfli.

Wenn Ende September die Nächte kalt werden, kommen die Schafherden wieder hinunter ins Tal. Schäfer und Bauern treffen sich dann zur »Schafschied«: Einzeln werden die Tiere von ihren Besitzern zu den wartenden Lastwagen gebracht.

Wiesen und Weiden prägen das Bild der Graubündner Kulturlandschaft. Die wenigen Äcker (im Bild bei Versam) nehmen sich oft wie winzige dunkle Flecken auf einem grünen Teppich aus.

Durch die enge Schlucht der Ruin Aulta führt keine Straße. Nur Wanderwege und die Trasse der Rhätischen Bahn begleiten hier den Vorderrhein (oben). Vor allem nach der Schneeschmelze im Frühjahr ist das Wildwasser des Rheins eine Herausforderung für Kanu- und Schlauchbootfahrer (links).

Die Ruin Aulta ist eine der spektakulärsten Schluchten der Schweiz. Zwischen Ilanz und Reichenau hat sich der Vorderrhein im Laufe der Jahrtausende seinen Weg durch den mächtigsten Bergsturz Graubündens gebahnt.

Beim herbstlichen Viehmarkt in Ilanz bestimmen die Bauern für einige Stunden das Leben und Treiben in der Stadt.

Ilanz nennt sich stolz »die erste Stadt am Rhein«. Türme, Tore und repräsentative Herrenhäuser prägen noch heute den Ort, der schon 1289 im Besitz der Stadtrechte war.

Wie die meisten Dörfer auf den Hochterrassen des Bündner Oberlandes hat sich Breil mit seinen Kirchen, Kapellen und Holzhäusern sein historisches Gesicht aufs schönste bewahrt.

Umbrein liegt wie alle anderen Ortschaften des Lugnez auf einer sonnigen Terrasse über dem Tal. Zu gefährlich wäre es, am rutschigen Hang zu siedeln, gibt es doch Dörfer, die in den letzten 50 Jahren zehn Meter »gewandert« sind und nun zwei Meter tiefer liegen.

Mit den Wandmalereien des Waltensburger Meisters aus der Zeit um 1350 besitzt die Pfarrkirche von Waltensburg einen der bedeutendsten und umfangreichsten Freskenzyklen der Schweiz.

Zu den schönsten Räumen des »Cuort« in Trun gehört der sogenannte Landrichtersaal. Seine Wände sind ringsum mit den Wappen der 72 Gerichtsvorsitzenden des »Grauen Bundes« und der »Drei Bünde« geschmückt, die hier zwischen 1424 und 1798 amtierten.

Die Burg Ortenstein wurde wohl schon im 13. Jahrhundert durch den Bischof von Chur oder einen seiner Ministerialen auf schroffem Fels über der Ebene des Hinterrhein gegründet. Später mehrfach verändert und umgebaut, ist sie heute eine der wenigen bewohnten Burgen Graubündens.

Ursprünglich verlief der Saumweg zum Lukmanierpaß über Mompé und Mutschnengia (im Bild). Trotz jahrhundertelanger Anstrengungen der Äbte von Disentis war eine direkte Verbindung durch die tief eingeschnittene Schlucht des Rein de Medel bis zum Bau der heutigen Straße im Jahr 1878 nicht möglich.

Die wohl prächtigsten Sgraffito-Dekorationen Graubündens kann man am Haus Pedrun in Andeer bewundern. Im letzten Drittel des 16. Jahrhunderts entstanden die aufwendigen Ornamente, die wie eine Tapete die gesamte Nord- und Ostfassade des Hauses überziehen.

Die zwischen 1130 und 1140 entstandene Kassettendecke der Kirche St. Martin in Zillis gilt als ein besonderer Schatz romanischer Kunst. Die 153 einzeln bemalten Holztafeln zeigen überwiegend Szenen aus dem Leben Christi, darunter Geburt (links oben) und Anbetung der Könige (rechts oben), einen der Apostel (links unten) und Zachäus als Zuschauer beim Einzug in Jerusalem (rechts unten).

Bevor im September in Graubünden die Jagdsaison beginnt, treibt man auch im Avers in weiser Voraussicht das Vieh von den Hochweiden zurück ins Tal.

»Schafmistbletscha« heißen die Ziegel, die in Juf zum Trocknen an den Holzwänden der Stadel aufgeschichtet sind. Im ganzen Avers werden sie im Winter zum Heizen der Stubenöfen benutzt.

Die einsam gelegene Kirche St. Nikolaus von Cresta – von den Einheimischen lange zu Recht »Edelweiß-Kirchlein« genannt – ist zum Wahrzeichen des Averser Tals geworden.

Selbst die Bauernhäuser, nach Art der Walser im Blockbau errichtet, zeugen in Splügen vom einstigen Wohlstand der Bewohner, die jahrhundertelang vom Saumverkehr über den Splügen- und San-Bernardino-Paß profitierten.

Seit 1967 der rund sieben Kilometer lange Straßentunnel eröffnet wurde, ist es auf der Paßhöhe des San Bernardino recht still geworden (oben). Nur Ausflügler und Wanderer benutzen noch die alte kurvenreiche Straße, die mitten hineinführt in eine von Gletschern geprägte Berglandschaft (rechts, am Moësola-See).

In einem weiten Bogen überspannt in Arvigo die steinerne Brücke das Wildwasser der Calancasca.

Imposantes Denkmal der Geschichte über dem Tal der Moesa: die Ruine des Castello di Mesocco, das nie erobert wurde und zu den bedeutendsten historischen Festungsanlagen der Schweiz zählt.

Die Bergwelt Graubündens ist ein Paradies für Gleitschirm- und Drachenflieger. Wie hier am Gotschnagrat über Klosters finden die Sportler häufig ideale Startmöglichkeiten vor.

Die schneebedeckten Gipfel der Silvrettagruppe stehen noch klar im abendlichen Blau des Himmels, während das Tal der oberen Landquart schon im Nebel versinkt.

Mit ihrem hölzernen Glockenturm und dem verschindelten Turmhelm ist die Kirche in Davos-Frauenkirch ein typisches Beispiel für die Architektur der Walser im Nordosten Graubündens.

Eine der größten Alpweiden der Landschaft Davos: die Großalp im Sertigtal.

Auf dem Davoser Waldfriedhof fanden viele Tuberkulosekranke die letzte Ruhe. Thomas Mann schrieb in seinem »Zauberberg«: »Die Denksteine und Kreuze waren anspruchslos, bekundeten wenig Aufwand. Was ihre Inschriften betraf, so stammten sie aus allen Winden und Welten.«

Der Talschluß unter den Steilwänden der Duncangruppe ist der landschaftliche Höhepunkt des Sertigtals, das zu den beliebtesten Davoser Ausflugszielen gehört.

Die Straße über den Flüelapaß, die Davos mit dem Engadin verbindet, führt durch eine großartige Hochgebirgslandschaft. Sie wird vor allem geprägt von den Schuttmassen, die vom Flüela Weißhorn und Flüela Schwarzhorn herabkommen.

Die Rhätische Bahn steht in dem Ruf, »die kühnste Bahn der Alpen« zu sein. Der 65 Meter über dem Talboden verlaufende Landwasser-Viadukt bei Filisur gilt als Meisterwerk der Ingenieurbaukunst und spektakulärer Höhepunkt der Albulastrecke.

Die um das Jahr 800 über der Schynschlucht erbaute Kirche von Mistail ist eines der ältesten Gotteshäuser der Schweiz und gleichzeitig das am besten erhaltene Beispiel einer karolingischen Saalkirche mit drei Apsiden.

Die Handelskontakte ins benachbarte Engadin haben in Bergün (oben) auch die Architektur deutlich beeinflußt: Wie bei den südlichen Nachbarn zeigen viele der aus dem 17. und 18. Jahrhundert stammenden Häuser Wandmalereien (links) und Sgraffiti, Fensterkörbe, Erker und prachtvolle Portale.

Filisur, am Aufstieg zum Albulapaß gelegen, ist ein ausgesprochenes Straßendorf. Besonders reizvoll ist die enge Dorfstraße mit alten Häusern im Engadiner Stil, für die unter anderem handgeschmiedete Fensterkörbe (rechts) und große, halbrunde Eingangstüren typisch sind.

Das »Schmuckstück« der Pfarrkirche von Salouf ist der spätgotische Flügelaltar (im Bild der Mittelschrein), den Jörg Syrlin d.J. um 1500 schuf.

Seit nunmehr tausend Jahren beherrscht die alte Pfarrkirche von Mon mit ihrem mächtigen Turm weithin sichtbar das Albulatal.

Von der Paßhöhe bis hinunter nach La Punt im Oberengadin folgt die Albulastraße dem Lauf der Ova d'Alvra.

Selbst in den Sommermonaten sind Schneefälle auf der rund 1900 Meter hoch gelegenen Alp Bögia nördlich des Julierpasses keine Seltenheit.

Mehrmals in seiner Geschichte wurde Sent von großen Bränden heimgesucht. Überraschenderweise konnte sich das Dorf trotzdem ein höchst charakteristisches Unterengadiner Ortsbild bewahren.

Mit Recht wird der Brunnenplatz von Scuol-Suot (Unter-Schuls) zu den schönsten Plätzen des Unterengadin gezählt. In der Architektur der Häuser spiegelt sich der Wohlstand wider, den das Dorf seit Jahrhunderten dem Badebetrieb verdankt.

Der Blumenschmuck an den Fenstern und Erkern der Engadiner Häuser fällt häufig recht üppig aus.

Nach den ersten Nachtfrösten im Oktober verwandelt das leuchtende Gelb und Orange der Birken und Espen die Landschaft bei Ardez.

Seit der Renovierung zu Beginn dieses Jahrhunderts wirkt Schloß Tarasp, das auf einem steilen Felskegel im Inntal liegt, wie der romantische Inbegriff einer mittelalterlichen Burg.

Die hoch über dem Inntal gelegene Ruine Tschanüff, die in mittelalterlichen Quellen stets als Remüs oder Ramosch auftaucht, gehört mit ihrem mächtigen Bergfried zu den eindrucksvollsten Burgruinen Graubündens.

Im Mittelalter war Burg Steinsberg lange Zeit das Zentrum einer Herrschaft, die das gesamte Unterengadin und Tirol bis hin nach Bozen umfaßte. Nach einem Brand im Jahr 1499 nur notdürftig wiederhergestellt, ist heute nicht viel mehr als der hoch aufragende Bergfried erhalten.

Guarda zählt zu den schönsten Dörfern des Engadin (links). An fast allen Häusern gibt es interessante Details zu entdecken – seien es kunstvoll geschmiedete Türklopfer (oben), Erker, Malereien oder besonders stattliche Eingangsportale.

Sündenfall im Engadin: Am meisten wird in Ardez wohl das Haus Clalgüna bewundert, dessen phantasievolle Wandmalereien zu Beginn des 18. Jahrhunderts entstanden.

Vor allem von Nordosten her wirkt das um 785 gegründete und ursprünglich befestigte Kloster St. Johann in Müstair noch immer recht wehrhaft. Neben der Kirche beherrscht der massige Plantaturm das Bild der Anlage.

Die Klosterkirche in Müstair zählt zu den Kulturdenkmälern von europäischem Rang: Neben Wandmalereien aus der Karolingerzeit haben sich hier romanische Fresken aus der zweiten Hälfte des 13. Jahrhunderts erhalten (im Bild die Enthauptung Johannes des Täufers).

Vieles erinnert in Zuoz noch heute an die Familie Planta, die dem Ort im Mittelalter zu Ansehen und Reichtum verhalf. So auch der sogenannte Plantaturm, ein Wohnturm aus dem 13. Jahrhundert, den drei kräftige Torbogen mit dem Unteren Plantahaus verbinden.

Fast wie »Perlen auf einer Schnur« reihen sich hinter Samedan die Dörfer innabwärts aneinander. Madulain ist der einzige Ort, dessen Häuser sich harmonisch am Ufer des Flusses entlangziehen.

St. Moritz gehört zu den bedeutendsten und traditionsreichsten Fremdenverkehrs- und Wintersportorten Europas. Schon von Paracelsus wegen seiner eisenhaltigen Heilquellen gepriesen, ist der Kurort am Lej da San Murezzan heute zum Inbegriff für Luxus und mondäne Eleganz geworden (beide Bilder).

Die Burg Crap da Sass, die sich ein deutscher General im Jahr 1908 bei Surlej am Ufer des Silvaplaner Sees errichten ließ, ist eines der beliebtesten Fotomotive des Oberengadin.

»Goldenes Engadin«: Das herbstliche Laub der Lärchen verzaubert die Landschaft um den Lej da Champfèr.

Die höchste Seilbahn Graubündens führt von Surlej aus auf den Vorgipfel des 3451 Meter hohen Piz Corvatsch, auf dessen Gletscher man auch im Sommer Skifahren kann.

An der Fuorcla Surlej ist die Hochgebirgswelt um Piz Bernina, Piz Roseg und Piz Scerscen zum Greifen nah.

Der Piz da la Margna überragt den Silvaplaner See, an dessen südlichem Ende Sils mit seinen Ortsteilen Sils-Maria und Sils-Baseglia liegt. Für Friedrich Nietzsche, der hier die Sommer der Jahre 1881 bis 1888 verbrachte, war dieser Teil des Oberengadin der »lieblichste Winkel der Erde«. Nietzsche wohnte damals in einem höchst bescheidenen Privatquartier; das traditionsreiche Hotel »Waldhaus« (rechts von der Bildmitte) wurde erst zu Beginn dieses Jahrhunderts gebaut.

Grevasalvas über dem Nordufer des Silser Sees gehört zu jenen »Maiensässen«, die auch östlich des Malojapasses im Besitz von Bergeller Bauern sind. Die wohl schönste und ursprünglichste Alpsiedlung Graubündens diente als Drehort des jüngsten »Heidi«-Films.

Bei Sils-Maria verläßt der junge Inn den Silser See, um wenig später auch den Silvaplaner See zu durchfließen.

Vor allem im Spätsommer zieht es viele Wanderer in die Engadiner Bergwelt. Besonders beliebt ist der Höhenweg von Muottas Muragl zur Alp Languard, der immer wieder neue Ausblicke auf die Oberengadiner Seenplatte und die vergletscherte Berninagruppe bietet.

Auf der Terrasse des Bergrestaurants »Sassal Masone« läßt sich nicht nur das herrliche Panorama genießen, sondern auch der Veltliner, der hier in einem der traditionellen Puschlaver Milchkeller gekühlt wird.

Wie überall in den Alpen schrumpfen auch die Schweizer Gletscher immer stärker. Der Morteratschgletscher wirkt aber immer noch großartig – sei es aus der Nähe an seinem Gletschertor (oben) oder aus der Ferne als Mittelpunkt jenes berühmten Alpenpanoramas, bei dem vom Doppelgipfel des Piz Palü über die Felspyramide des Piz Bernina bis hin zum mächtigen Klotz des Piz Morteratsch die gesamte Berninagruppe zu sehen ist (rechts).

Die Diavolezza ist ein idealer Ausgangspunkt für Berg- und Skitouren. Überwältigend ist hier der Blick auf Pers- und Morteratschgletscher und die faszinierende Bergwelt der Berninagruppe (beide Bilder).

Nachfolgende Doppelseite: Unterhalb des Berninapasses fährt die Rhätische Bahn am Ufer des Lago Bianco entlang.

Unterhalb der Alp Grüm hat das abschmelzende Eis des Palü-Gletschers einen kleinen tiefgrünen See entstehen lassen.

Im stark italienisch geprägten Puschlav gibt es kaum städtisch wirkende Siedlungen oder Dörfer. Fast immer bestehen die Ortschaften aus verstreut liegenden Weilern, die sich wie hier in Angeli Custodi um eine Kirche scharen.

Der weitaus größte Teil der Altstadt von Poschiavo liegt am linken Ufer des Poschiavino und wird von den Einheimischen »Borgo« genannt. Rund um die Piazza Comunale findet man einige der schönsten Patrizierhäuser und eines der beliebtesten Cafés der Stadt.

*Der historische Ortskern von Poschiavo wird von der Stiftskirche San Vittore und ihrem romanischen Campanile beherrscht (rechts).
In der Nähe der Kirche steht das vielbestaunte Beinhaus des Oratorio Santa Anna mit seinen säuberlich aufgereihten Totenköpfen und kunstvoll geschmiedeten Gittern (unten).*

CA D'CURA

Baron Giovanni de Castelmur erfüllte sich einen Traum, als er sich im 19. Jahrhundert in der Nähe von Stampa den Palazzo Castelmur, ein zinnengeschmücktes Märchenschloß, errichten ließ.

Vicosoprano ist der wichtigste Ort des Bergell. Das wohlerhaltene Dorf, dessen Häuser mit schweren Steinplatten gedeckt sind, steht heute unter Denkmalschutz.

Auch modernste Technik kann den Bergbauern im Bergell die Arbeit kaum erleichtern: Wie in alten Zeiten muß das Heu auf den steilen Wiesen in Körben eingebracht werden.

Soglio gilt als das schönste Dorf im Bergell. Einzigartig ist der Blick hinunter auf die eng zusammengedrängten, mit Gneisplatten gedeckten Dächer, die vom barocken Turm der Kirche überragt werden.

Zwischen Soglio und Castasegna liegt einer der größten Edelkastanienwälder Europas. Während man an sonnigen Herbsttagen noch das trockene Laub einbringt (rechts), brennen in den »Cascinen«, den steinernen Rösthütten, schon die Feuer. Früher waren die Eßkastanien ein Hauptnahrungsmittel der armen Bauern; heute werden sie bei guter Ernte auch an die Schafe verfüttert (oben).

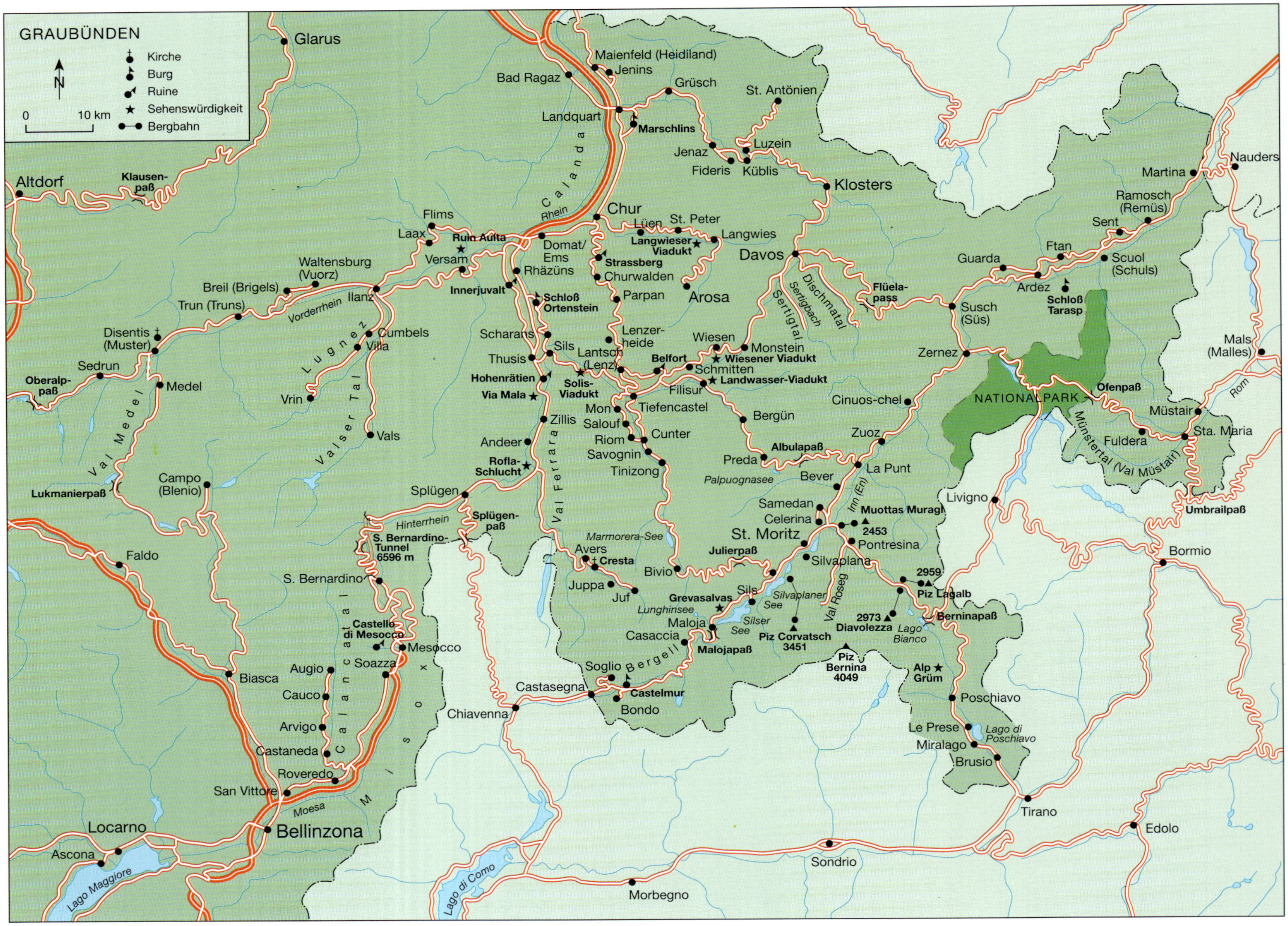
GRAUBÜNDEN
N
0 10 km
Kirche
Burg
Ruine
Sehenswürdigkeit
Bergbahn
Glarus
Bad Ragaz
Maienfeld (Heidiland)
Jenins
Grüsch
St. Antönien
Landquart
Marschlins
Luzein
Jenaz
Fideris
Küblis
Klosters
Altdorf
Klausen-paß
Calanda
Rhein
Chur
Flims
Laax
Ruin Aulta
Versam
Domat/Ems
Rhäzüns
Lüen
St. Peter
Langwies
Langwieser Viadukt
Strassberg
Churwalden
Parpan
Arosa
Davos
Waltensburg (Vuorz)
Breil (Brigels)
Trun (Truns)
Ilanz
Vorderrhein
Innerjuvalt
Schloß Ortenstein
Disentis (Muster)
Sedrun
Oberalp-paß
Cumbels
Villa
Lugnez
Vrin
Vals
Valser Tal
Medel
Val Medel
Scharans
Thusis
Sils
Lantsch (Lenz)
Lenzerheide
Hohenrätien
Solis-Viadukt
Via Mala
Belfort
Wiesen
Monstein
Wiesener Viadukt
Schmitten
Filisur
Landwasser-Viadukt
Sertigtal
Sertigbach
Dischmatal
Flüela-pass
Guarda
Ftan
Ardez
Schloß Tarasp
Scuol (Schuls)
Sent
Ramosch (Remüs)
Martina
Nauders
Susch (Süs)
Zernez
Mals (Malles)
NATIONALPARK
Ofenpaß
Rom
Müstair
Sta. Maria
Fulder a
Münstertal (Val Müstair)
Umbrailpaß
Cinuos-chel
Zuoz
La Punt
Bergün
Albulapaß
Preda
Palpuognasee
Bever
Samedan
Celerina
Muottas Muragl
2453
Inn (En)
St. Moritz
Pontresina
Livigno
Bormio
Zillis
Andeer
Rofla-Schlucht
Val Ferrara
Mon
Tiefencastel
Salouf
Cunter
Riom
Savognin
Tinizong
Campo (Blenio)
Lukmanierpaß
Splügen
Splügen-paß
Hinterrhein
S. Bernardino-Tunnel 6596 m
S. Bernardino
Marmorera-See
Avers
Cresta
Juppa
Juf
Bivio
Julierpaß
Silvaplana
Silvaplaner See
Sils
Grevasalvas
Lunghinsee
Maloja
Silser See
Val Roseg
Piz Corvatsch 3451
2973
Diavolezza
2959
Piz Lagalb
Berninapaß
Lago Bianco
Casaccia
Malojapaß
Piz Bernina 4049
Alp Grüm
Faldo
Castello di Mesocco
Mesocco
Calancatal
Misox
Augio
Soazza
Cauco
Arvigo
Castaneda
Roveredo
San Vittore
Moesa
Biasca
Soglio
Bergell
Castasegna
Castelmur
Bondo
Chiavenna
Poschiavo
Le Prese
Lago di Poschiavo
Miralago
Brusio
Tirano
Edolo
Locarno
Ascona
Lago Maggiore
Bellinzona
Lago di Como
Sondrio
Morbegno

Von Tal zu Tal – eine Fahrt durch Graubünden

Um Chur

Um Chur ist alles anders als im übrigen Graubünden. Wer von Norden kommt, von Liechtenstein oder über die Autobahn, erlebt diese nordöstliche Ecke Graubündens wie etwas lang Vertrautes: Hügelauf, hügelab wächst vor allem in der »Herrschaft« um Maienfeld, Jenins und Malans der Wein. Heiter und sonnenselig ist das Land. Selbst die Berge wirken sanft, obwohl sie vom Falknis im Norden bis zur Calanda im Süden mehr als 2500 Meter Höhe erreichen. Nirgends sonst ist Graubünden so urban wie hier in der weiten, seit vorgeschichtlichen Zeiten besiedelten Ebene des Rheins. Wo die Plessur ihre Schuttmassen gegen den Rhein vorschob, entstand Chur: Verkehrs- und Wirtschaftszentrum von alters her, heute Mittelpunkt der einzigen nennenswerten Industrieansiedlung Graubündens, vor allem aber Hauptstadt und kulturelles Zentrum des Kantons.

Maienfeld. Das römische Magia war Militärstation an der wichtigen Straße, die von den Bündner Pässen zum Bodensee führte; das mittelalterliche Maienfeld Mittelpunkt jener »**Herrschaft**«, die dem Landstrich bis heute den Namen gibt.
Falls nicht gerade Wein gelesen wird, herrscht in dem am Hang über der Rheinebene gelegenen Städtchen wochentags beschauliche Ruhe. Die Straßen, die sich alle an dem »*Städtli*« genannten Hauptplatz zu treffen scheinen, sind eng, die Gassen verwinkelt. Etwas Mittelalterliches lebt in ihnen, obwohl doch nach dem großen Brand von 1720 die halbe Stadt wieder aufgebaut werden mußte. Vermutlich trägt *Schloß Brandis* viel zu diesem Eindruck bei, jene um 1100 entstandene Stadtburg, die das Stadtbild mit mächtigen Mauern und einem wehrhaften Bergfried aus dem 13. Jahrhundert noch immer beherrscht. Weit liebenswürdiger, schon von südlicher Heiterkeit geprägt, ist das im 17. und 18. Jahrhundert erneuerte *Schloß Salenegg.* Es liegt etwas außerhalb an der Straße, die hinausführt in die Weinberge, zum Heidibrunnen und durch einen Hain alter Eichen und Walnußbäume in jene Landschaft, die Johanna Spyri mit ihren »Heidi«-Romanen weltberühmt gemacht hat.
Auch **Jenins** und **Malans** liegen inmitten von Weinbergen. Herrenhäuser und Schlösser gibt es in beiden Orten zu bewundern: in Jenins die Häuser der Sprecher aus dem 17. und 18. Jahrhundert; in Malans jene drei um einen Innenhof gruppierten Häuser, die sich die Familie Planta im 17. Jahrhundert errichten ließ, vor allem aber *Schloß Bodmer* mit seinen terrassenförmig angelegten Gärten. Sehenswert ist auch das *Rathaus* mit seiner holzgetäfelten Ratsstube und einem von dem berühmten Schweizer Ofenbauer David Pfau 1690 gefertigten Kachelofen.
Hoch über Jenins findet sich mit den Resten von *Neu-Aspermont*, das um 1120 Sitz eines der einflußreichsten Geschlechter Rätiens war, die erste jener Burgruinen, die im Gebiet der »**Fünf Dörfer**« so besonders zahlreich sind: Bei Trimmis liegen *Alt-Aspermont* und *Ruchenberg*, bei Igis auf einem steilen Felskopf *Falkenstein*, bei Untervaz *Neuenburg* und die Höhlenburg *Rappenstein*, bei Haldenstein das auf einen riesigen Felssturz hinaufgetürmte *Alt-Haldenstein*, *Lichtenstein* und die Höhlenburg *Grottenstein*.

Wohlerhalten ist **Marschlins**, die einzige Wasserburg Graubündens. In der Rheinebene nördlich von Igis gelegen, wird sie 1225 erstmals in den Quellen erwähnt. Zwei heute trockene Wassergräben umgeben die rechteckige Anlage mit ihren vier Ecktürmen. Nach 1635 wurde sie zum neuzeitlichen Schloß ausgebaut und erhielt damals eine prunkvolle Innenausstattung mit kostbaren Malereien, Täfelungen und Öfen.

Chur, die Hauptstadt Graubündens, liegt an der Mündung der aus dem Schanfigg herabstürzenden Plessur auf einem seit fast 5000 Jahren ohne Unterbrechung besiedelten Schwemmlandkegel. Schon früh war die Stadt als Drehscheibe wichtiger Straßen und Alpenübergänge von Bedeutung. Als Hauptstadt der römischen Provinz Raetia prima ist sie eine der ältesten Städte der Schweiz und der erste Bischofssitz nördlich der Alpen.
Obwohl auch Chur in jüngster Zeit mit Hochhäusern und modernen Siedlungen in die Rheinebene hinauswächst, hat die Altstadt viel von ihrem ursprünglichen Charakter bewahrt. Chur mit seinem spröden, bündnerisch unterkühlten Charme ist eine liebenswerte, wenn auch nicht immer geliebte Stadt geblieben. Dabei wird der aufmerksame Beobachter selbst in der Churer Altstadt zwei recht unterschiedliche »Städte« entdecken: die lebendige bürgerliche Unterstadt mit ihren oft engen Gassen um *Martinskirche* und *Arcas*, mit ihren hohen, meist schmalen Häusern, den Erkern, den manchmal bis in gotische Zeit zurückreichenden wappengeschmückten Portalen und geschmiedeten Gittern. Dort findet man noch jene arvenholzgetäfelten »Stübli«, wo man

Eine malerische Gasse in der Altstadt von Maienfeld.

unter niedrigen Steingewölben wie eh und je beim Veltliner zusammensitzt. Daneben die beschauliche Oberstadt: der *»Hof«* mit Kirche und Schloß des Bischofs sowie den Weinbergen des Bischofs. Der Churer »Schiller« wächst dort, jener hellrote Wein, den man am stilvollsten in der gotischen Stube der Hofkellerei trinkt.

Unter- wie Oberstadt haben ihre geschichtlichen Wurzeln: Die Unterstadt geht auf die römische Zivilsiedlung beim »Welschdörfli« links der Plessur zurück, dessen Name daran erinnert, daß sich hier im Mittelalter Säumer aus Nord und Süd mit den Händlern trafen, die ihr Rätoromanisch kaum verstanden und als »Kauderwelsch« abqualifizierten. Der in mittelalterlichen Quellen als »castrum« oder »burg« erscheinende »Hof« hat seinen Ursprung in einem spätrömischen Kastell. Die im 17. und 18. Jahrhundert erfolgte Barockisierung des bischöflichen Wohnsitzes verwischte seinen ursprünglich höchst wehrhaften Charakter. Heute ist von der einstigen Ummauerung nur der nordwestliche, vom Turm Marsöl und einem Torturm flankierte Mauerzug erhalten.

Unverändert aber ist der Charakter der in mehr als hundertjähriger Bauzeit entstandenen dreischiffigen *Kathedrale* mit Krypta und erhöhtem Chor. Die prachtvolle, den Einfluß lombardischer Wanderwerkstätten kaum verleugnende Bauplastik – Kapitelle, Apostelsäulen und Löwenreiter – gehört noch ganz der Romanik, während der Bau selbst schon erste Anklänge der Gotik zeigt. Gotisch, goldschimmernd im Düstern des Raumes, ist auch der von 1486 bis 1492 von Jakob Russ geschaffene figurenreiche Hochaltar, einer der schönsten seiner Art in der Schweiz. Weit älter als der heutige Bestand der Kathedrale ist die 1945 wiederhergestellte karolingische Ringkrypta unter dem Chor der nahen *Kirche St. Luzius*, die bereits im 8. Jahrhundert gegründet wurde.

Wer sich intensiver mit der Kultur, der Geschichte und Kunstgeschichte Churs und Graubündens befassen will, dem sei der Besuch der Churer Museen empfohlen: des *Rätischen Museums* im Haus Buol von 1680 mit den kulturhistorisch bedeutendsten Sammlungen des Kantons; des *Dommuseums* mit seinen Schätzen sakraler Kunst;

Das Eingangstor von Schloß Salenegg.

des *Naturhistorischen Museums* sowie des *Bündner Kunstmuseums*, das unter anderem Werke von Angelika Kauffmann, Giovanni Segantini, Ernst Ludwig Kirchner und den Giacomettis zeigt.

Das Schanfigg: Von Chur nach Arosa

Ist vom Schanfigg die Rede, so spricht man oft vom »wilden Schanfigg«. Tief eingeschnitten ist das Tal, das die zur Plessur vereinigten, vom Montalin bis zum Mattjitsch Horn aus den Bergen herabkommenden Wildwasser ausschürften. Kaum einer der von Davos kommenden Walser, die zu Beginn des 14. Jahrhunderts das »Schanevich« erschlossen, wagte es, sich unten im Talboden oder an der steil abfallenden linken Talseite niederzulassen. Noch heute liegen die Siedlungen auf den rechtsseitigen Hangterrassen. Den Charakter dieser Dörfer bestimmen die für die Walser so typischen Holzhäuser. Sie sind hier häufig aus unbearbeiteten Rundstämmen errichtet, durch Schindeln geschützt und mit einem steinbeschwerten Dach gedeckt.

Die Trasse der Rhätischen Bahn und die schmale Straße nach Arosa – sie soll angeblich 275 Windungen und Kurven haben – folgen hoch oben am Hang dem alten Botenpfad, der einst von Chur durchs Schanfigg und das lawinengefährdete Sapün-Tal über den Strelapaß nach Davos und bis ins Engadin und Oberitalien zog.

Auffallend ist, wie gut das rings von Bergen umgebene Schanfigg seine Eigenart bewahrt hat. Es

Der Heidibrunnen bei Maienfeld.

ist eine in sich geschlossene Landschaft voller Sagen und Geheimnisse geblieben. Lediglich das in 1770 Metern Höhe in einer weiten, sonnigen Mulde gelegene Arosa ist längst einer der bekanntesten Ferienorte der Schweiz.

Lüen liegt etwas unterhalb der Straße. Seine 1084 zu Ehren von St. Zeno errichtete *Kirche* beweist die engen Beziehungen des Schanfigg nach Süden, ist St. Zeno doch der Schutzpatron Veronas und ein nördlich der Alpen höchst selten verehrter Heiliger. Darüber hinaus besitzt die bescheidene kleine Kirche einen 1926 freigelegten Freskenzyklus, der, obwohl etwas überrestauriert, einen

Abstecher lohnt. Die vor allem dem Leben Christi gewidmeten Malereien entstanden gegen 1350 und wurden von einem Schüler des berühmten Waltensburger Meisters, vielleicht sogar von ihm selbst geschaffen.

In **St. Peter** stand die älteste, 831 erstmals genannte Kirche des Tals. Der heutige Bau wurde nach 1400 errichtet und bis ins 18. Jahrhundert mehrfach um- und ausgebaut. Gotisch ist die interessante Holzdecke, romanisch der wuchtige Glockenturm, der einst als Wehrturm diente.

Langwies ist das schönste Dorf des Schanfigg. Umgeben von ausgedehnten Nadelwäldern, liegt es auf einer sonnigen Hangterrasse hoch über der Plessur. Wohlerhalten ist der Dorfkern um die Kirche und das mit einer Sonnenuhr geschmückte Pfarrhaus. Die Häuser sind nach Art der Walser aus Holz gebaut und tragen oft noch die gemalten Sprüche und ornamentalen Muster der Zeit zwischen 1790 und 1840.
Einst war die »lang Wise« der Mittelpunkt aller Walsersiedlungen des Schanfigg. 1385 errichtete man die erste Kapelle, im späten 15. Jahrhundert die heutige *Kirche*, deren sehenswerte Gewölbe die Handschrift von Steffan Klain und Andreas Bühler tragen. Von 1913 bis 1914 entstand jener berühmte 287 Meter lange *Viadukt der Rhätischen Bahn*, der unterhalb der Ortschaft die Plessur in einer Höhe von 62 Metern in schwerelos leicht wirkender Konstruktion überspannt.

Auch **Arosa** war ursprünglich eine Walsersiedlung. Bis 1851 gehörte sie zu Davos, und noch 1831 hatte sie nicht mehr als 51 Bewohner. Dann öffnete 1888 das erste Lungensanatorium seine Pforten, und zwei Jahre später setzte jener großartige Aufschwung ein, dem der Bau der Rhätischen Bahn zugute kam. Heute ist das zu Füßen von Hörnli (2514 m) und Weißhorn (2776 m) gelegene Arosa mit seinem breitgefächerten Freizeitangebot und seiner landschaftlich höchst reizvollen Umgebung einer der meistbesuchten Kur- und Wintersportorte Graubündens. Ladenstraßen, Hotels und Ferienhäuser bestimmen den Charakter der Ortschaft, die sich dank zahlreich erhaltener Baumgruppen einen kleinen Rest ländlicher Ursprünglichkeit bewahrt hat. An die Walser, die den Talboden einst erschlossen, erinnern nur noch das 1492 errichtete Kirchlein von Inner-Arosa und das *Schanfigger Heimatmuseum* im sogenannten Egga-Haus.

Im Schanfigg kommt es immer wieder zu Hangrutschen und zur Bildung neuer Erdpyramiden.

Der Vorderrhein und seine Seitentäler: Von Reichenau zum Oberalppaß

Nahezu ein Fünftel Graubündens gehört zum Einzugsbereich des Vorderrhein, der vom Tomasee herabkommend fast parallel zur Kantonsgrenze verläuft. Der eiszeitliche Flimser Bergsturz, dessen Steilhänge das Ufer hell begleiten, unterteilt das Gebiet in unter- bzw. oberhalb des Waldes, in »Sutselva« und »Surselva«, das eigentliche Bündner Oberland. Es ist eine landschaftlich höchst vielfältige Gegend: Enge wechselt mit Weite, dunkler Wald mit hellen Wiesenmatten. Häufig steigen die Hänge terrassenförmig an, liegen die Siedlungen, die auch dem Kunstfreund höchst Beachtliches zu bieten haben, aussichtsreich und weit verstreut auf den Höhen.

Die Straße von Reichenau nach Ilanz über **Flims** und **Laax**, die sich in den letzten Jahrzehnten zu bedeutenden Kur- und Wintersportzentren entwickelt haben, ist bequem und breit ausgebaut. Interessanter ist allerdings die schmale rechtsrheinische Straße über Bonaduz und Valendas mit seinem hübschen Brunnen von 1760. Immer wieder kann man hinunterschauen in die **Ruin Aulta**, jene beeindruckende Schlucht, in der sich der Vorderrhein seinen Weg durch den mächtigsten Bergsturz Graubündens gebahnt hat. In Versam führt ein steiler Fahrweg sogar hinunter ans Ufer des Flusses, mitten hinein in die weiß und nahezu vegetationslos aufragenden Steilwände.

Ilanz wird bereits 765 im Testament des Bischofs Tello erwähnt, besaß spätestens 1289 Stadtrechte und war möglicherweise schon damals ummau-

Die Pfarrkirche von Versam vor dem Flimser Stein.

ert. In Ilanz wurde der »Graue Bund« gegründet, bis zuletzt war es einer der Tagungsorte der »Drei Bünde«, und bis heute ist es die einzige städtische Siedlung der Surselva geblieben. Stolz nennt es sich jetzt »die erste Stadt am Rhein«, und stolz schmückte man einst das *Obere Tor* mit dem Wappen der Stadt, einer goldenen Krone, durch die sich der Fluß schlängelt. Wappen zieren auch die Portale der Herrenhäuser, unter denen die 1677 erbaute *Casa Gronda* mit Treppenturm und Erker, stattlichen Portalen, Fenstergewänden und Schmiedeeisengittern sicher das prächtigste ist.

Zwei wichtige Seitentäler des Vorderrhein münden bei Ilanz: das im 13. Jahrhundert von Walsern besiedelte Tal des Valser Rhein, aus dem eines der bekanntesten Mineralwässer Graubündens kommt, und das vom Glenner durchflossene **Lugnez**. Es ist mit seinen 15 Gemeinden das bedeutendste Seitental des Oberlandes, ein Tal, das sich bis heute seine Eigenart aufs schönste bewahrt hat. Die Ortschaften liegen hoch an den sonnigen Hängen: **Cumbels** mit seinen engen Gassen und charaktervollen Holzhäusern; **Villa**, dessen im Ortsteil Pleiv gelegene, 830 erwähnte Pfarrkirche die Mutterkirche des ganzen Tals ist; **Lumbrein** mit seinem wehrhaften »Schloß«, dessen Herren im späten Mittelalter als bischöfliche Vögte, Landrichter und Amtmänner eine wichtige Rolle spielten; **Vrin** schließlich, wo man vier Reihen Totenköpfe zum Schmuck in den Karner einmauerte und wo sich eine Reihe höchst charaktervoller Holzhäuser erhalten hat: winzig die Fenster mit den bemalten Läden, geschnitzte Drachenköpfe unterm vorspringenden Dach. Zahlreicher als anderswo sind im Lugnez die Kirchen und Kapellen: oft Bauten des Barock wie die gegen 1700 über achteckigem Grundriß entstandene, von einer gewaltigen Haube bekrönte *Kapelle in Vattiz* oder die prächtige *Pfarrkirche von Vrin*, die Antonio Broggio aus Roveredo zwischen 1689 und 1694 errichtete. Wer wissen möchte, wie man einst in diesen Tälern lebte, sollte in **Vals-Platz** das *Heimatmuseum* im Gandahus aus dem 16. Jahrhundert besuchen.

Waltensburg/Vuorz. Wieder im Tal des Vorderrheins, lohnt es sich, die schmale Straße nach Waltensburg hinaufzufahren. Und dies etwa nicht allein wegen seiner vielleicht bis in die Zeit um 1100 zurückgehenden *Kirche*, die mit den Wandmalereien des Waltensburger Meisters aus der Zeit um 1350 einen der bedeutendsten Freskenzyklen der ganzen Schweiz besitzt. Sehenswert ist auch die Ortschaft selbst, finden sich doch noch eine ganze Reihe jener mächtigen Holzhäuser, deren weit vorkragende Dächer von geschnitzten, in Drachenköpfen endenden Stützen getragen werden. Auf einem bequemen Fußweg läßt

Dorfstraße in Waltensburg/Vuorz.

Im 16. Jahrhundert errichtet: das Obere Tor in Ilanz.

sich von Waltensburg aus auch *Jörgenberg* (Mun Sogn Gieri) erreichen, die größte und interessanteste Burgruine des Bündner Oberlandes mit Vor- und Hauptburg, mehreren Gebäuden, Schildmauer, Bergfried und der in Teilen bis in die Karolingerzeit zurückreichenden Kirche. Schwieriger ist es da schon, zur Ruine *Kropfenstein* (Grottenstein) zu kommen, die man im 12. Jahrhundert, kühn wie kaum eine andere Burg, in eine Höhle der zwischen Waltensburg und Breil steil zum Vorderrhein abfallenden Felswand hineinbaute.

Hoch über dem Rheintal kann man auf aussichtsreicher Straße nach **Breil/Brigels** weiterfahren. Der Name des Ortes geht auf das keltische »brigilio« (kleine Burg) zurück, auf jenen Besitz der Victoriden, der 765 dem Kloster Disentis zufiel. Breil besteht als typisches Dorf der Oberländer Hochfläche aus einer ganzen Reihe verstreut liegender Dorfteile. Charakteristische Holzhäuser, Kirchen und Kapellen gibt es überall. Am interessantesten sind *St. Jakob* und *St. Martin*, beide mit gemalter gotischer Holzdecke, vor allem aber die auf einer Anhöhe gelegene kleine Wallfahrtskirche *St. Sievi* mit ihren Wandmalereien aus der Mitte des 15. Jahrhunderts und dem spätgotischen Schnitzaltar von Ivo Strigel (1486).

In **Trun/Truns** ist man schließlich wieder im Vorderrheintal. Stolz zeigt man dort im »*Cuort*« *(Hof)* die Reste des Ahorns, unter dem 1424 der »Graue Bund« beschworen wurde. Lange Zeit fanden in diesem von 1674 bis 1679 vom Kloster Disentis errichteten Gebäude – heute Museum – die Versammlungen des »Grauen Bundes« und der »Drei Bünde« statt. Hoch über Trun liegt die Wallfahrtskirche *Nossadunna della Glisch* (Unsere Herrin vom Licht). 1690 schenkte ihr Fridolin Eggert, Klosterbruder in Disentis, jene reiche Ausstattung, die sie zu einem Kleinod des Barock macht.

In **Disentis/Mustér** blickt man auf eine nahezu 1300jährige Tätigkeit der Mönche zurück. Bereits um 700 wurde dieses älteste noch bestehende Benediktinerkloster der Schweiz in der nahezu menschenleeren Wildnis (desertina) des obersten Vorderrheintal gegründet. Lange lag die Bedeutung des Klosters nicht allein in seiner Rodungstätigkeit und im kulturellen Wirken der Mönche. Als reichsunmittelbarer Klosterstaat übte Disentis jahrhundertelang auch politisch großen Einfluß aus. Heute beherrscht die *barocke Klosteranlage* mit dem mächtigen Block ihrer Gebäude und der Doppelturmfassade der Kirche weithin sichtbar das Tal. Man hat diese von 1696 bis 1712 im Stil der Vorarlberger Schule errichtete Kirche als den schönsten barocken Sakralbau Graubündens bezeichnet; der größte und großartigste ist er sicher. Interessant sind einige der Nebenräume: die Placidus-Krypta aus der Zeit um 750, die sogenannte Rosenkranzstiege, die Agathenkapelle und nicht zuletzt das neu gestaltete Museum mit seinem reichen Schatz an mittelalterlicher und volkstümlicher Kunst sowie Sammlungen zur Mineralogie und zum alpinen Naturraum.

In der Wallfahrtskirche Nossadunna della Glisch.

Im gesamten Lugnez liegen die Dörfer und Städel auf Terrassen hoch über dem Talboden.

Zwei Paßstraßen gehen von Disentis aus: die Straße durchs Val Medel über den **Lukmanier** ins Tessin, und die Straße, die über den **Oberalppaß** nach Uri und schließlich weiter ins Wallis führt. Vor allem die Siedlungen im Val Medel, allen voran das Kirchdorf **Platta**, lassen noch heute etwas ahnen von dem Wohlstand, den der Saumpfad über diese niedrigste Nord-Süd-Verbindung Graubündens mit sich brachte, obwohl die Wege über Lukmanier und Oberalp lange Zeit nur für »gladne rösser und ochsen«, nicht aber für Karren passierbar waren.

Der Hinterrhein: Durch Domleschg und Rheinwald zum San Bernardino

Nur wenn man die zwischen Reichenau und der Paßhöhe des San Bernardino für den raschen Durchgangsverkehr ausgebaute N 13 verläßt, erlebt man die ganze Vielfalt der Landschaften, die das Tal des Hinterrhein zu einem der interessantesten, auch kunstgeschichtlich wichtigsten Graubündens machen. Da ist zunächst das eher liebliche, burgen-, schlösser- und dörferreiche **Domleschg**, eine klimatisch begünstigte, fruchtbare und früh besiedelte Niederung. Nach Westen steigt sie sanft zum Heinzenberg an, den Herzog Rohan im 17. Jahrhundert den »schönsten Berg der Welt« nannte. Im Osten reihen sich von Rhäzüns bis zum hoch über Thusis gelegenen Hohenrätien Burgen und Schlösser, Kirchen und Dörfer wie Perlen an einer Schnur. Dann öffnet sich zwischen der Via Mala, der »fürchterlichsten Schlucht Rätiens« (C. F. Meyer), und der Rofla-Schlucht der helle Talboden des **Schams** mit Zillis und Andeer, läßt sich im Hochtal des Averser Rheins eine herbe, großartige Bergwelt entdecken. Noch im 17. Jahrhundert brauchten Reisende zwei Stunden, um die Rofla-Schlucht zu durchqueren; auf der N 13 nimmt man sie heute kaum noch wahr. Jenseits der Schlucht liegt ein weiterer zunächst dicht bewaldeter Talboden, in den bald die Berge des Adulamassivs mit Rheinwaldhorn, Zapportgletscher und Höhberghorn hineinschauen: das **Rheinwald** mit dem Hauptdorf Splügen, von jeher letzte Station all jener, die über die Pässe nach Süden zogen.

Rhäzüns ist sicherlich einen Besuch wert, obwohl das Schloß, das zu den interessantesten mittelalterlichen Adelssitzen Graubündens gehört, als Privatbesitz nicht zugänglich ist. Bewahrt die kleine, abseits und ganz einsam hoch über dem Rhein gelegene *Kirche St. Georg* doch eine nahezu völlig erhaltene Ausmalung des 14. Jahrhunderts. Schon ein paar Jahrzehnte bevor die Malereien des Rhäzünser Meisters entstanden, schuf der Waltensburger Meister gegen 1340 hier eines seiner bedeutendsten Werke, darunter die außergewöhnliche Darstellung der Georgslegende.

Es ist schwer zu sagen, was man im Domleschg noch anschauen sollte. **Innerjuvalt** vielleicht, jene Ruine, die so aussichtsreich hoch oben auf einer schroffen Felszinne liegt, und in **Rothenbrunnen** das *Haus Tscharner*, dessen Fassade Hans Ardüser 1584 mit Adam und Eva, einem lustigen Elefanten und dem heiligen Georg schmückte; **Tomils**, das dem ganzen Talboden den Namen gab und dessen Pfarrkirche einen spätgotischen Flügelaltar besitzt; **Ortenstein**, im 13. Jahrhundert gegründet, eine der wenigen heute noch bewohnten Burgen des Landes; die *Kapelle St. Lorenz* über **Paspels** mit ihren Malereien aus dem frühen 13. Jahrhundert; **Fürstenau** mit seinen beiden Schlössern oder auch **Scharans** mit den prachtvollen Häusern aus dem 16. und 17. Jahrhundert.

St. Georg in Rhäzüns: Fresko der Georgslegende.

Wandmalerei am Haus Tscharner in Rothenbrunnen.

Thusis war schon im Mittelalter Hauptort des Domleschg, wichtig vor allem für den Transitverkehr. Zu besichtigen gibt es nicht viel, wurde das lebendige Städtchen doch nach dem letzten großen Brand im Jahr 1845 völlig neu aufgebaut. Der alte beschwerliche Weg ins Schams führt von Thusis noch immer hinauf nach **Hohenrätien/Hoch-Rialt**, der imposantesten und größten Burgruine des Domleschg. Sagenumwoben liegt sie hoch oben auf dem seit 3000 Jahren besiedelten Felskopf, der sich steil und mächtig über dem Ausgang der Via Mala erhebt.

Seit John Knittel 1934 seinen mehrfach verfilmten Bestseller schrieb, ist die **Via Mala** zur internationalen Attraktion geworden. Kaum jemand versäumt es, hier die N13 zu verlassen und hinunterzusteigen oder doch wenigstens hinunterzuschauen in die tiefe Schlucht, die schon die Römer mit zwei Brücken und einem schmalen, aus dem Stein gemeißelten »bösen Weg« (Via Mala) zu bezwingen versuchten. Die gefahrlose Erschließung gelang erst im 19. Jahrhundert mit der Öffnung des »Verlorenen Lochs«, jener Felsenge unterhalb von Hohenrätien, die heute die moderne Straße in einem Tunnel umgeht.

Zillis besitzt in der reformierten *Kirche St. Martin* einen außergewöhnlichen Schatz romanischer Kunst: die in den dreißiger Jahren des 12. Jahrhunderts entstandene bemalte Kassettendecke. Ihre 153 quadratischen Bildtafeln sind fast vollständig erhalten und zeigen, umrahmt von Fabeltieren, vor allem Szenen aus dem Leben Christi.

Andeer verrät mit seinem ganzen Ortsbild, welchen Wohlstand die Lage an der wichtigen Straße zum Splügen- und San-Bernardino-Paß lange mit sich brachte. So verdient es als Ensemble nicht weniger Bewunderung als das *Rothuus* und das *Haus Capol* aus dem 17. Jahrhundert oder das *Haus Pedrun*, dessen Ost- und Nordfassade man im 16. Jahrhundert völlig mit Sgraffiti bedeckte.

Nahe der begehbaren **Rofla-Schlucht** mündet der Averser Rhein. Er tost zuletzt schäumend durch das dicht bewaldete, tief eingeschnittene **Val Ferrara**. Sein Name belegt, daß hier vor allem im 16. und 17. Jahrhundert Eisen, aber wohl auch Kupfer, Blei und Silber abgebaut wurden. Das **Avers**, der hochgelegene obere Teil des Tals, wurde im 14. Jahrhundert von Walsern besiedelt. »Neun Monate Winter und drei Monate Kälte«, so sagt man, sollen in diesem nahezu waldlosen Hochtal herrschen, das eine Bergwelt von herber Schönheit umgibt. Hier liegt in **Juppa** das 1664 von dem ehemaligen Podestà zu Teglio im Veltlin erbaute höchstgelegene Bürgerhaus der Alpen, ist **Juf** auf 2126 Metern die höchstgelegene Dauersiedlung im gesamten Alpenraum.

Splügen hat sich sein historisches Ortsbild außergewöhnlich gut bewahrt. Dabei belegen nicht allein so stolze Herrenhäuser wie das jetzt

Johannes der Täufer in der Kirche von Tomils.

Westlich von Splügen ist das Tal des Hinterrhein recht einsam und ursprünglich.

als Hotel genutzte Bodenhaus von 1722 oder der vielstöckige Bau, den sich Christoffel von Schorsch von 1717 bis 1719 nahe der alten Brücke über den Sustenbach errichten ließ, den Wohlstand, den der Saumverkehr lange Zeit brachte. Auch die Bauernhäuser, nach der typischen Art der Walser im Blockbau über gemauertem Sockel errichtet und mit Gneisplatten gedeckt, wirken mächtiger, selbstbewußter als anderswo.
Die in Splügen zum Splügenpaß abzweigende Straße beginnt nun rasch zu steigen. Die Straße zum San Bernardino hält sich noch eine Weile an den immer herber und einsamer werdenden Talboden. Bei Hinterrhein verschwindet die N 13 nach Süden abbiegend im 6596 Meter langen San-Bernardino-Tunnel, während die alte Straße in engen Kehren die Paßhöhe gewinnt.

Moesano: Misox und Calancatal

Es liegt schon etwas vom Zauber des Südens über diesem Landstrich: Kaum 27 Kilometer Luftlinie trennen die herbe Bergwelt des San Bernardino vom beinahe 1800 Meter tiefer gelegenen Talkessel um Grono, Roveredo und San Vittore, wo Edelkastanien und Feigen gedeihen, Reben wachsen und sich die Palmen im Wind wiegen. Die Gegend wurde früh besiedelt – man denke nur an die prachtvollen etruskischen Schnabelkannen im Churer Museum, die man in Castaneda fand. Durch die Jahrhunderte aber waren die Bewohner gezwungen, ihren Lebensunterhalt in der Fremde zu verdienen: Sie verkauften Kastanien oder handelten mit Pech und Harz; in so fernen Orten wie Wien und Budapest hatten sie sogar das Kaminkehrer-Monopol. Die meisten waren Maurer und Stukkateure. In der Frühzeit des Barock, als die Baumeister aus dem Misox weit über die Grenzen Graubündens hinaus das Bauen prägten, sollen zeitweilig fast drei Viertel der Männer im Ausland gelebt haben.
Anders als das noch immer recht abgeschiedene Calancatal hat das Misox (Mesolcina) in jüngster Zeit viel von seiner Ursprünglichkeit verloren: Die einst schäumend talabwärts stürzende Moesa wurde durch Stausee und Kraftwerk gebändigt; die Autobahn nach Bellinzona, zum Luganer und Comer See gebaut. Selten sieht man noch die alten, kunstvoll gefügten Mäuerchen um Wiesen und Äcker, die man um Grono einst fugenlos aus senkrecht nebeneinandergestellten Steinplatten errichtete. Selten geworden sind die einst so typischen und oft bis ins 17. Jahrhundert zurückgehenden unverputzten grauen Häuser mit ihren hölzernen Lauben und bemoosten Steindächern. Sie machen sich recht bescheiden aus neben den Wohntürmen der Adeligen und jenen kubischen Palazzi, die sich die in der Fremde reich Gewordenen errichten ließen. Kirchen und Kapellen prägen jedoch wie einst die Landschaft. Sie entstanden manchmal schon im frühen Mittelalter, meist aber erst im Barock, als sich selbst kleine Dörfer wie Sta. Domenica eine große Kirche leisteten.

Mesocco, der Hauptort des oberen Misox, liegt bereits rund 1000 Meter tiefer als die Paßhöhe. Weit beeindruckender als die im 16. und 17. Jahrhundert entstandenen Häuser der Familie à Marca ist das *Castello di Mesocco*. Die bedeutendste Burgruine Graubündens liegt etwas talauswärts auf einem riesigen, von der Moesa umflossenen und an drei Seiten fast senkrecht abstürzenden Felsklotz, dessen beherrschende Lage wohl schon in prähistorischer und römischer Zeit genutzt wurde. Wahrscheinlich existierte bereits ein frühmittelalterliches Kirchenkastell, als die Gegend im 10. oder 11. Jahrhundert in den Besitz der Herren von Sax gelangte. Sie bauten die Anlage zu einer der mächtigsten Feudalburgen des Landes aus. Gian Giacomo Trivulzio, Condottiere und herzoglicher Rat aus Mailand, der 1480 das ganze Misox erwarb, machte die Burg schließlich zur Festung. 1526 von den Bündnern geschleift, wurde die Ruine 400 Jahre später instand gesetzt und alsbald unter Bundesschutz gestellt.
Nicht weniger sehenswert ist die am Fuß der Burg gelegene Kirche *Sta. Maria del Castello*, eine der ältesten Gotteshäuser des Tals. In sechs Geschossen wächst ihr romanischer Turm empor. Ein monumentaler Christophorus schmückt das Äußere. Die Nordwand des Inneren bedecken besonders schöne spätgotische Wandmalereien, die vermutlich die Brüder da Seregno um 1459 schufen. Der Freskenzyklus zeigt Szenen aus dem Leben Christi, zahlreiche Heilige und einen Fries heiter-liebenswürdiger Monatsbilder.

Das Tal der Moesa bei Mesocco.

Soazza. Schon von der Anhöhe des Castello di Mesocco ist die *Pfarrkirche S. Martino* auf ihrem Hügel zu sehen, die über den Fundamenten eines römischen Wachturms errichtet worden sein soll. Im Jahr 1639 umgebaut, bildet sie heute mit dem kleinen Zentralbau der *Capella dell'Addolorata* aus dem Jahr 1751 und dem langen, sanftgeschwungenen Treppenweg, der beide verbindet, eine beeindruckende barocke Baugruppe.

Das höchst lebendige **Roveredo** muß man zu Fuß erobern. Nur dann wird man im In- und Übereinander des während vieler Jahrhunderte Entstandenen manche architektonische Kostbarkeit entdecken: markante Bürgerhäuser wie die Casa Tenchio oder die Casa delle Torri und die Casa Gerbo, schöne Portale und malerische Innenhöfe, Arkaden, Loggien und hölzerne Lauben, Kirchen und Kapellen wie die 1713 barockisierte, am Eingang der Traversagna-Schlucht gelegene *Kirche La Madonna del Ponte Chiuso.* Zusammen mit der Landschaftskulisse und der alten steinernen Bogenbrücke bildet sie ein höchst romantisches, malerisches Ensemble.

Die kunstgeschichtlich bedeutendsten Kirchenbauten der Gegend finden sich allerdings in **San Vittore**, das lange Zeit das religiöse Zentrum des ganzen Moesano war: Die romanische *Stiftskirche SS. Giovanni e Vittore* hat nach Barockisierung und Restaurierung viel von ihrem ursprünglichen Charakter verloren. Recht gut erhalten aber ist die *Kapelle S. Lucio*, begleitet von jenem kleinen, unscheinbaren Rundbau, der mindestens bis in karolingische Zeit zurückreicht.

Calancatal. Noch ehe man Roveredo erreicht, fließt der Moesa der Calancasca zu. Ihr Tal ist eng, voller Schluchten und Wasserfälle. Nur selten läßt sich vergessen, daß »cala« nichts anderes als Steilhang heißt. Selbst **Castaneda** und **Sta. Maria di Calanca**, beide noch am Eingang des Tals, liegen hoch oben: das eine wegen seines eisenzeitlichen Gräberfeldes berühmt als eine der bedeutendsten archäologischen Stätten des Landes; das andere mit weißen Häusern geschart um die im 17. Jahrhundert barockisierte Mutterkirche des Tals und den mächtigen, wie mit dem Fels verwachsenen Torre di Sta. Maria. Auch talaufwärts liegen die Dörfer wie **Braggio** oder **Landarenca** auf Terrassen hoch über den steilen Felswänden oder doch wenigstens auf einem Schuttkegel über dem Fluß wie das dicht zusammengedrängte **Cauco.** Nur selten wagt sich eine der Ortschaften näher ans Ufer: **Arvigo** zum Beispiel mit seiner steinernen Bogenbrücke oder **Augio**, das schon recht weit talaufwärts liegt und stolz ist auf den größten und schönsten Wasserfall des ganzen Tals. Meist ducken sich die Häuser klein und bescheiden zwischen jene mächtigen Felsblöcke, die einer der zahlreichen Bergstürze zurückließ. Überall aber leistete man sich im Barock beachtliche Kapellen und Kirchen, die weitaus größte und prächtigste in **Sta. Domenica.**

Wildromantisch ist die Natur im Calancatal: Wasserfall bei Augio.

Das Prättigau: Zwischen Landquart und Klosters

Das Prättigau ist eine von Walsern geprägte Landschaft. Sieht man von der Umgebung von Davos ab, so hat sich ihre Art zu siedeln, zu bauen und zu leben kaum irgendwo sonst so beeindruckend erhalten wie hier im Tal der Landquart und ihren Seitentälern. Die mit dem First zum Tal schauenden dunklen Holzhäuser sind aus vierkantig behauenen Stämmen im Blockbau errichtet. Fromme Sinnsprüche schmücken den Giebel. Weiß leuchtet nur der bergwärts gelegene gemauerte Teil um Herdplatz und Küche. Da und dort soll es sogar noch eines jener winzigen, »Pälggli« genannten Fensterchen geben, die beim Tod eines Angehörigen geöffnet wurden, damit seine Seele leichter den Weg in den Himmel finden konnte.
Abwechslungsreich ist auch dieses Tal: Schon hinter der »Klus«, in der sich Fluß, Straße und Rhätische Bahn kurz nach Landquart durch die Felsen zwängen, öffnet sich jener heiter-fruchtbare Talboden voller Äcker, Wiesen und Obstbäume, der sich bis Küblis erstreckt, unterbrochen nur vom »Fuchsenwihel«, der die Bahn sogar in einen Tunnel zwingt. Behäbig hingebreitet liegen hier die Ortschaften: Grüsch und Schiers, Jenaz

und Küblis. Erst im oberen Prättigau werden die Wälder dichter. Dort mied man den noch engen, im mürben Bündner Schiefer immer wieder von verheerenden Muren heimgesuchten Talgrund. Die wenigen Siedlungen, Straße und Bahn halten sich bis nach Klosters hoch am Hang.

Grüsch war lange Sitz einiger der einflußreichsten Familien des Landes, voran der Herren von Salis. Überraschend anspruchsvoll sind ihre Häuser, darunter das *Haus zum Rosengarten*, das *Pfrundhaus*, das sich Hercules von Salis 1699 mit ungewohntem Zwiebeltürmchen errichten ließ, und das jetzige *Gasthaus zur Krone* mit seinen frühbarocken Stukkaturen und Täfelungen.

Auch im abseits der Straße gelegenen **Fideris** ließen sich so angesehene Familien wie die Valär und Planta im 16. und 17. Jahrhundert eine Reihe herrschaftlicher Bauten errichten. Ganz anders wirkt dagegen **Jenaz**. Dunkle Holzhäuser, geschmückt mit sorgsam gemalten Sprüchen, prägen vor allem im oberen Teil das Bild dieses stattlichen Dorfes. Lebhafter Badebetrieb brachte im 18. und frühen 19. Jahrhundert den noch heute sichtbaren Wohlstand.

Küblis ist der wichtigste Ort des mittleren Prättigaus. Außer den Glasgemälden, die Augusto Giacometti 1921 für die gotische, von Steffan Klain erbaute Kirche schuf, gibt es nicht viel Sehenswertes. Doch mündet hier eines der interessantesten, bis an die Steilwände des Rätikon heranreichenden Seitentäler des Prättigaus, das Tal von St. Antönien. Ehe man eintaucht in die Wälder des Schanielatobels, liegt **Luzein** auf einer Terrasse schon hoch über dem Tal. Es lohnt sich, zu Fuß zu gehen. Ließ sich doch die Familie Sprecher, deren Ahnherr 1590 aus Davos kam, im Lauf der nächsten hundert Jahre nicht weniger als acht höchst respektable *Herrenhäuser* erbauen. Besondere Aufmerksamkeit verdient auch die aussichtsreich gelegene *Kirche*, der Steffan Klain 1487 ein reiches Netzgewölbe schenkte. Zwei prächtige Löwen schmücken ihre reich geschnitzte Tür (Original im Rätischen Museum Chur). **St. Antönien**, der wichtigste, 1420 Meter hoch gelegene Ort des Tals, kann geradezu als Musterbeispiel einer Walsersiedlung gelten. Er scheint nur aus ein paar Häusern und der Kirche zu bestehen: Weit verstreut liegen die bergseitig oft durch einen keilförmigen Damm aus Steinen und Rasenziegeln gegen Lawinen geschützten Gehöfte.

Hinter Küblis beginnt die Straße nach Klosters rasch zu steigen. **Saas** mit seiner weithin sichtbaren Kirche liegt schon 300 Meter höher. Dunkles Balkenwerk auch hier, kunstvoll geschriebene Sprüche über die ganze Breite der Giebelfront, im Sommer und bis weit hinein in den Herbst ein Meer von Blüten vor den Fenstern: Saas bietet ein Bild von schöner, ungestörter Einheitlichkeit, wurden doch nahezu alle Häuser nach dem verheerenden Brand von 1735 neu errichtet.

Die wenigen Dörfer des oberen Prättigau liegen wie Saas auf sonnigen Terrassen hoch am Hang.

Klosters zählt dank seiner Lage längst zu den bekanntesten Kur- und Fremdenverkehrsorten Graubündens, zumal *Madrisa- und Gotschnabahn* aussichtsreiche Wandergebiete und die berühmten Schneefelder des *Parsenn* erschließen. Von der Ländlichkeit jenes Talbodens, in dem im 13. Jahrhundert ein Kloster der Prämonstratenser entstand, ist nicht mehr viel zu spüren. An die einstige Walsersiedlung erinnern aber noch einige Bauten. So das um das Jahr 1565 errichtete *Nutli-Hüsli* mit seinen heimatkundlichen Sammlungen und die reformierte *Pfarrkirche*, deren Glasmalereien Augusto Giacometti 1928 entwarf.

Mit dem geplanten Bau des fast 20 Kilometer langen Vereinatunnels will die Rhätische Bahn den Umweg über Davos vermeiden, die Strecke Zürich – Schuls um die Hälfte verkürzen und vor allem eine wintersichere Verbindung zwischen Prättigau und Unterengadin schaffen.

Die »Landschaft Davos«: Vom Wolfgangpaß nach Tiefencastel

Mit einem dem Kloster Churwalden gehörenden Gut im »Tavaus valle« taucht Davos namentlich zum ersten Mal auf. Im Jahr 1289 stellte einer der Freiherrn von Vaz jenen berühmten Lehnsbrief aus, der diese hochgelegene und waldreiche, ursprünglich wohl von Romanen bewohnte Gegend zu einem Kerngebiet walserischer Ansiedlung machte. Noch Mitte des 19. Jahrhunderts war Davos eine typische Walsersiedlung mit weit verstreuten Gehöften um den »Platz«, den traditionellen Mittelpunkt aller Walserdörfer. Obwohl sich der Ort inzwischen mit allem Drum und Dran zu einem der bekanntesten Ferienzentren der Schweiz entwickelt hat, scheint seine Umgebung nichts von ihrer Lieblichkeit und ihrer Großartigkeit eingebüßt zu haben.

Früh gab es vielbegangene Wege in alle Himmelsrichtungen: Über den Wolfgangpaß (1626 m) kam man nach Klosters und ins Prättigau, über den Strelapaß (2352 m) ins Schanfigg und nach Chur. Saumtiere brachten Butter und Käse über den bis heute wichtigen Flüelapaß (2383 m) ins Engadin, von wo aus sie beladen mit Tiroler Salz zurückkehrten. Der dem Landwassertal folgende, lange vor allem dem Erztransport dienende Weg über Wiesen und Schmitten ins Albulatal und nach Tiefencastel war berüchtigt wegen der recht häufigen Lawinen. Die Rhätische Bahn überwindet die gefährliche Strecke mit sieben Tunnel und dem *Wiesener Viadukt*, einem der schönsten der Alpen. Den aussichtsreichen »Bärentritt« untertunnelt auch die moderne Straße.

Davos. Die Geschichte des Kurorts Davos beginnt mit der Praxiseröffnung des deutschen Arztes Dr. Alexander Spengler (1827–1901), der hier

Blumenpracht am Nutlihüsli in Klosters.

1865 die ersten Tuberkulose-Kranken therapierte. Damals begann Davos, vom Ruhm seiner heilkräftigen Höhenluft zu leben. Thomas Mann hat dieser Epoche mit seinem »Zauberberg« ein einzigartiges literarisches Denkmal gesetzt.
Längst hat Davos, das sich gern als »Alpenmetropole der Vielfalt« sieht, sein Gesicht erneut gewandelt. Nun sind es vor allem die ausgezeichneten Wintersportmöglichkeiten mit so berühmten Pisten wie der legendären Parsennabfahrt, die alljährlich Zehntausende in die »Stadt im Hochgebirge« locken. Außer den Ortsbezeichnungen Davos-Dorf und Davos-Platz erinnert nicht mehr viel an die Vergangenheit. Sehenswert sind neben dem modernen, dem Expressionst Ernst Ludwig Kirchner gewidmeten *Museum* eigentlich nur das *Rathaus* in Davos-Platz mit seiner prächtigen arvenholzgetäfelten Großen Stube von 1564 und in Davos-Dorf das *Heimatmuseum* im Pfrundhaus, dem einstigen Tagungsort des Zehngerichtebundes. Irgendwie aber hat sich der traditionsreiche Kurort seine Faszination bewahrt. Eine wichtige Rolle spielt dabei die Umgebung. Ist diese Landschaft voller Berge und Täler doch keineswegs nur ein Dorado für Wintersportler. Wenn der Frühling mit überschwenglichem Blühen erst einmal Einzug gehalten hat, wird die »Landschaft Davos«, diese größte Gemeinde der Schweiz, auch zu einem schier unerschöpflichen Kletter- und Wandergebiet.

Schon in **Davos-Frauenkirch** ist alles Städtische vergessen. Inmitten grüner Matten liegen die gegen 1500 erbaute Kirche mit ihrem mächtigen, keilförmigen Lawinenbrecher und die weit verstreuten typischen Walsergehöfte. Im Haus »In den Lärchen« lebte fünf Jahre – bis zu seinem Tod im Jahr 1923 – der Maler Ernst Ludwig Kirchner. Eines seiner farbkräftigen Holzreliefs (Original jetzt im Davoser Museum) ist über der Tür des Schulhauses zu bestaunen.

Geradezu weltenfern allem städtischen Treiben aber scheinen **Dischma- und Sertigtal** zu sein, jene beiden Seitentäler der Landwasser, die wie das Flüelatal mit seiner vielbefahrenen Paßstraße von Osten kommen. Sie führen mitten hinein in eine bei aller Idylle großartige blütenreiche Berglandschaft, in der das Wasser kristallklar zu Tal sprudelt, Vieh auf den Wiesen weidet, und die einsam gelegenen Walserhöfe noch ihr altes Gesicht bewahrt haben.

Wo das Landwassertal enger und enger wird, kann man hinauffahren nach **Monstein**, dem schönsten Walserdorf weitum. Dunkelbraun und blumengeschmückt begleiten die Holzhäuser die Straßenzeile. Am Hang steht noch eine Reihe der kleinen, auf Stelzen und ohne jeden Nagel errichteten Kornspeicher aus dem 17. Jahrhundert. Unten im Tal ist man bald in **Schmelzboden**, wo das einzige *Bergbaumuseum* Graubündens an die Zeit erinnert, in der hier die am nahen Silberberg geschürften Erze verhüttet wurden.

Der Talschluß des Dischmatals bei Dürrboden.

Ab Wiesen hält sich die neue Straße hoch am Hang. Bald hat man **Schmitten** erreicht. Manches Haus verrät schon Engadiner Einflüsse. Überragt wird die aussichtsreich gelegene Ort-

Relief des Wahl-Graubündners Ernst Ludwig Kirchner.

schaft von der markanten Baugruppe oben auf dem Kirchhügel: von der kleinen, wohl schon vor dem Jahr 1000 erbauten Luziuskapelle, der Pfarrkirche und dem mächtigen Glockenturm, der ursprünglich wohl als Wehrturm diente. In weiten Kehren führt die Straße nun hinunter nach Tiefencastel, dem Knotenpunkt der alten Transitrouten von Chur ins Engadin über Thusis – Albulapaß und über Lenzerheide – Julierpaß.

Durch das Albulatal ins Engadin

Das Albulatal hat mancherlei zu bieten: eine Landschaft, die bisweilen lieblich ist und dann wieder wildromantisch; einen Streckenabschnitt der Rhätischen Bahn, der an Kühnheit nicht zu überbieten ist; Dörfer, die mit behäbigen Steinhäusern schon ganz dem Engadin anzugehören scheinen. Kommt man von Thusis, so trennt die erst 1869 durch eine Straße erschlossene und nun zum Teil in einem langen Tunnel umgangene Schynschlucht den Talkessel von Tiefencastel vom Domleschg. Bei den Solisbrücken – hier überspannt der Viadukt der Rhätischen Bahn in

89 Metern Höhe den Fluß – kann man hinunterschauen in die Schlucht: tief, tief unten zwängt sich die Albula durch den Fels.
Der Weg durchs Albulatal ins Engadin scheint lange von eher lokaler Bedeutung gewesen zu sein. Nachdem 1695 der Bergünerstein durchbrochen war – zum ersten Mal sprengte man mit Pulver –, wurde die Paßstraße selbst im Winter von den Säumern und später sogar von Postkutschen viel benutzt. Die enge Verbindung mit dem Engadin und der Wohlstand, der damals ins Tal kam, ist in den Dörfern, voran in Bergün und Filisur, noch immer sichtbar. Heute ist die kurvenreiche und streckenweise recht schmale Paßstraße im Winter gesperrt. Zwischen Preda und Bergün wird sie dann zu einer herrlichen, fünf Kilometer langen, abends beleuchteten Rodelbahn.

Mistail. Noch ehe man Tiefencastel erreicht, liegt hoch über dem Fluß die kleine *Kirche St. Peter* mitten im Wald, eines der ältesten Gotteshäuser der Schweiz. Obwohl man in der Lichtung beim Hof Prada wahrscheinlich schon Jahrhunderte früher Gottesdienst hielt, ist urkundlich erst 926 von einem Frauenkloster die Rede, das auch als Station an der vom Churer Bischof kontrollierten Septimerroute diente. Die heutige Kirche, ein schlichter Saalbau mit drei Apsiden, entstand um 800 und wurde mehrfach, vor allem aber in der Gotik, mit beachtlichen Fresken ausgeschmückt.

Tiefencastel drängt sich heute so eng wie vor dem großen Brand von 1890 zwischen Albulabrücke und Kirchhügel. Damals wurde nahezu alles außer der hochgelegenen *Pfarrkirche* zerstört. Von 1650 bis 1652 von Misoxer Bauleuten errichtet, beherrscht ihr hoch aufragender Turm in schönstem Barock den ganzen Talboden.

Hinter Tiefencastel wird das Tal sehr rasch enger und waldreicher. In **Alvaneu-Bad** nutzt niemand mehr die jahrhundertelang geschätzten Schwefelquellen. Kaum verändert aber scheint **Filisur**, dieses lang hingezogene Straßendorf am Beginn der eigentlichen Paßstrecke, das zu den besterhaltenen Ortschaften Graubündens zählt. Die zumeist aus dem 17. und 18. Jahrhundert stammenden Häuser begleiten wie eh und je die Straße. Breit hingelagert sind die Fassaden, auffallend die prächtigen, zum Teil geschnitzten Sulèr-Tore, die Erker, Sgraffiti und Wandmalereien und die kunstvoll geschmiedeten Fenstergitter, hinter denen sich bunt die Blumen drängen.

Auch in **Bergün**, das der Fremdenverkehr längst entdeckt hat, ist der Einfluß des Engadin unverkennbar. Manche der typischen Engadiner Häuser haben gewölbte Gänge und schön getäfelte Stuben, sind mit Wappen oder Malereien geschmückt wie das 1554 erbaute älteste Haus der Ortschaft oder wie der zum Wahrzeichen gewordene *Gerichtsturm*. Er wurde im 13. Jahrhundert als Wohnturm erbaut, im 16. Jahrhundert aufgestockt und erhielt erst im 17. Jahrhundert seine

Auch in Bergün schmücken Blumen die Fenster.

ungewöhnliche Haube. Sehenswert ist auch die *Pfarrkirche* mit ihren gotischen Wandmalereien und einer gut restaurierten typisch bündnerischen Holzdecke: Auf weißen Grund hat man ein reiches Muster schwarzer, roter und grüner Rosetten, Rauten und Bänder schabloniert.

Die barocke Dorfkirche von Tiefencastel.

Dann Wiesen und Wälder. Bis Preda folgt die Straße mit kräftiger Steigung und zahlreichen Kurven dem ungebärdig zu Tal springenden Wasser der jungen Albula. Die Rhätische Bahn jedoch, die schon vor Filisur auf einem der beeindruckendsten Viadukte der Eidgenossenschaft das Landwassertal überquerte, vollbringt nun, ehe sie im 5864 Meter langen Albula-Scheiteltunnel verschwindet, geradezu akrobatische Kunststücke. Mit neun Viadukten, zwei Galerien, zwei normalen und fünf Kehrtunneln überwindet sie auf einer Entfernung von 12,6 Kilometern den Höhenunterschied von 416 Metern.

Auf der Hochterrasse von **Preda** – ein informativer bahnhistorischer Lehrpfad führt von hier nach Bergün – weitet sich zum ersten Mal der Blick. Die Straße steigt stetig weiter. Sie führt am smaragdgrünen **Palpuognasee** vorbei durch imposante Geröllfelder und gewinnt schließlich auf 2312 Metern die Paßhöhe. Wo die ersten Lärchen zu wachsen beginnen und man hinunterschauen kann auf das Inntal, auf La Punt und Chamues-ch, hat man die Grenze zum Engadin schon eine ganze Weile hinter sich.

Von Chur über den Julier ins Engadin

Die »Obere Straße« von Chur über den Julier ins Engadin und nach Oberitalien ist seit Römertagen eine der Hauptdurchgangsrouten Graubündens, auch wenn die Strecke bis Tiefencastel heute nicht mehr die alte Bedeutung hat. Zwei Pässe sind zu überqueren: der niedrige, grüne bei Lenzerheide und der 2284 Meter hohe Julier mit seinen dunklen Geröllfeldern. Nirgends aber muß man durch eine jener Schluchten, die einst so gefürchtet und schwer zu bezwingen waren.

Noch in Chur beginnt die Straße ihren ersten steilen Anstieg. Wie von der Ausfahrt Richtung Arosa hat man einen beeindruckenden Rückblick auf die Stadt. Malix, nur wenige Kilometer entfernt, liegt schon mehr als 1000 Meter hoch. Dort fährt man an **Strassberg** vorbei, dessen Ruine mit dem fünfeckigen Bergfried nun unterhalb der neuen Straße liegt, und ist wenig später in **Churwalden**, wo 1195 die Prämonstratenser eingezogen. Außer der Kirche blieb von ihrem Kloster nicht viel mehr zurück als der sogenannte *Turm des Abtes*, ein freistehender markanter, vierge-

Die Fahrt über den Albulapaß führt an dem smaragdgrünen Palpuognasee vorbei.

schossiger Wohnturm aus dem 14. oder 15. Jahrhundert, der sicher auch der Verteidigung diente. Die *Kirche* aber bewahrt neben einem Flügelaltar der Ulmer Schule von 1477 ein Fresko des Waltensburger Meisters aus der Zeit um 1340.

Lenzerheide-Valbella ist eine Schöpfung des Fremdenverkehrs. Noch um 1880 gab es hier in 1500 Metern Höhe nichts außer sanftwelligen Wiesen um einen kleinen See und ein paar Sennhütten, die den Vazer Bauern gehörten. Heute ist Lenzerheide, das nicht umsonst stolz ist auf seine geradezu parkartige Umgebung, Mittelpunkt einer der führenden Ferienregionen Graubündens.

Lantsch/Lenz ist ein altes Dorf. Etwas außerhalb, dort wo man schon hinausschauen kann in den weiten offenen Talkessel um Tiefencastel, liegt inmitten grüner Wiesen die alte *Pfarrkirche*. Ein »magister petrus de Bamberga« hat sie um 1505 ausgebaut. Die Wandmalereien im Schiff stammen noch aus dem 14. Jahrhundert, im Chor steht ein reizvoller Flügelaltar von 1479.

Der Umweg über **Brienz** lohnt sich. Man kann in der dortigen *Pfarrkirche St. Calixtus* einen jener bemerkenswerten spätgotischen Flügelaltäre bewundern, die im 15. und frühen 16. Jahrhundert aus der Werkstatt Ivo Strigels kamen. Außerhalb von Brienz liegen die Ruinen von **Belfort**. Die vermutlich im 12. Jahrhundert auf einem steil abfallenden Bergsporn errichtete Burg war einst Hauptsitz der einflußreichen Freiherren von Vaz. Im Jahr 1499 von den aufständischen Bündnern gestürmt und zerstört, gehört sie heute zu den eindrucksvollsten Ruinen des Landes.

Wer in Tiefencastel der vielbefahrenen Julierstraße folgt, versäumt einige der interessantesten Orte des Gebietes. Man sollte erst ab Cunter die neue Straße benützen und sich zunächst wie die Römer an den östlichen Talhang halten. Mon liegt dort, Stierva und Salouf: traditionsreiche Dörfer von ländlicher Unberührtheit, die allesamt mit unerwarteten Kunstschätzen locken. **Mon** besitzt nicht nur eine neue barocke Pfarrkirche mit prunkenden Altären, sondern auch eine alte freskengeschmückte, die den Heiligen Cosmas und Damian geweiht ist und mit ihrem mächtigen Turm weit hinausschaut ins Albulatal. In der Pfarrkirche von **Stierva**, einem wahren Schmuckkästchen der Spätgotik, kann man einen Flügelaltar von 1504 und eines der kompliziertesten Netzgewölbe Graubündens bewundern. Die hochgelegene Pfarrkirche von **Salouf** überrascht in ihrem Inneren mit dem liebenswürdigsten unter den spätgotischen Schnitzaltären, die Jörg Syrlin d. J. um 1500 schuf.

In Salouf ist man schon im Oberhalbstein, das sich vom Crap Sès bis hinauf zum Julier erstreckt. Dabei ist der Name »oberhalb des Steins«, »Sursès«, ganz wörtlich zu nehmen, ist der Conterser Stein (Crap Sès) doch nichts anderes als jener mächtige Dolomitriegel, der sich der Julia kurz vor ihrer Mündung in die Albula entgegenstellt. Bei Tinizong unterteilt ein vorgeschichtlicher Bergsturz das Oberhalbstein noch einmal: Im weiten, sonnigen, schon in der Bronzezeit bewohnten »Sot Gôt« (unter dem Wald) leben heute rund drei Viertel der Oberhalbsteiner Bevölkerung, finden sich mit Riom, Savognin und Tinizong auch alle größeren Ortschaften, während das höher gelegene »Sur Gôt« (über dem Wald) noch immer recht dünn besiedelt ist. Hier waren die Lebensbedingungen von jeher rauh. Im letzten Jahrhundert stammten viele »Schwabengänger« aus dem Oberhalbstein. Im Frühling verließen damals die Acht- bis Fünfzehnjährigen in Zehnergruppen das Tal, um sich jenseits des Bodensees für den Sommer als Hütejungen und Dienstmägde zu verdingen.

Riom/Reams, ursprünglich eine römische Siedlung, war im 9. Jahrhundert ein fränkischer Königshof, dessen Befestigung für das Jahr 904 bezeugt ist. Gegen 1200 bauten die schwäbischen, im oberen Etschtal reich begüterten Herren von Wangen die Burg Rätia-Ampla aus. Sie wurde 1258 Eigentum der Churer Bischöfe und diente von da an ihren Landvögten als Sitz. Der bekannteste, Benedikt Fontana, zeichnete sich 1499 als charismatischer Führer in der Schlacht an der Calven aus. Als man nach dem Brand von 1864 die Balken des Dachstuhls für den Wiederaufbau der Häuser verwendete, begann die Burg zu verfallen. Erst vor wenigen Jahrzehnten wiederhergestellt, wirkt sie mit mächtigem Palas und schlankem Turm aus der Ferne fast wie eine überdimensionierte Kirche.

In **Savognin**, dem Hauptort des Oberhalbstein, findet sich nicht mehr viel Ursprüngliches. Zu rasch entwickelte es sich zu einer beliebten Wintersportarena. Bemerkenswert sind eigentlich nur die Häuser Amilcar und Peterelli, die im 17. und

Ein beliebter Badesee: der Heidsee bei Lenzerheide.

18. Jahrhundert erbaut wurden – zu einer Zeit, als die Orte des Oberhalbstein noch einmal eine Blüte erlebten. Damals entstand auch der weithin sichtbare Neubau von *St. Martin* (Son Martegn), dem Carlo Nuvolone 1681 das monumentalste Deckengemälde des italienischen Barock in ganz Graubünden schenkte.

Bis zum mittelalterlichen Ausbau des Septimer endete in **Tinizong** der befahrbare Abschnitt der Paßstraße. Zu jäh war der Anstieg, der wegen des Bergsturzes vom Piz Colm herab zu überwinden war. Als Rast- und Umschlagplatz war Tinizong unter den Römern schon so wichtig, daß Tinnetio um 300 als einziger Bündner Ort neben Curia (Chur) und Murus (Castelmur) im »Itinerarium Antonini« auftaucht, dem berühmten Verzeichnis aller Straßen der damaligen Zeit. Heute erinnert in dem Straßendorf außer den mittelalterlichen Wohntürmen, die da und dort in ein Bauernhaus eingebaut wurden, nicht mehr viel an die einstige Bedeutung. Zur Überraschung aber wird die 1663 errichtete *Pfarrkirche St. Blasius*: Hier steht ein prachtvoller spätgotischer Flügelaltar, hoch aufragend mit seinem zierlichen Gespreng, goldschimmernd in seiner barocken Fassung. Der oberschwäbische Meister Jörg Kändel aus Biberach schuf 1512 seine Malereien.

Wald wechselt nun mit kleinen offenen Talböden. In Stufen geht es aufwärts. Oberhalb von **Sur** kommt man am *Turm von Splüdatsch* vorbei, einer kleinen 1160 errichteten Burg, die lange als Zollstation diente. Wenig später begleitet die Straße den 1954 vollendeten **Marmorera-Stausee**, über dessen Westufer die Ruinen jener Höhlenburg liegen, die sich die Herren von Marmels im 12. Jahrhundert so kühn in den Fels bauen ließen. **Bivio** ist die letzte Ortschaft des Oberhalbstein. Einst gabelten sich hier in 1776 Metern Höhe die Wege zum Julier und zum Septimer, der lange der wichtigere der beiden Pässe war, heute aber nur mehr von Wanderern begangen wird.

Durch steinige Matten, auf denen es den halben Sommer über üppig blüht, führt die moderne ganzjährig befahrbare Straße nun in weit ausholenden Kehren hinauf zur Paßhöhe des **Julier**. Zwei Säulenstümpfe erinnern dort daran, daß die Römer hier wahrscheinlich sogar ein kleines Heiligtum errichtet hatten. Schon immer scheint die breite Einsattelung, die das Gletschereis in den grünen Granit schliff, wie eine imposante einladende Pforte zwischen Süd und Nord gewirkt zu haben, zwischen dem Einzugsbereich des Rhein und dem Tal des Inn, dem Engadin.

Das Unterengadin: Zwischen Finstermünz und Zernez

Wer bei Finstermünz ins Engadin kommt – die Fahrt ins Zollausschlußgebiet Samnaun lohnt höchstens wegen des billigeren Treibstoffs –, erlebt diesen Teil Graubündens zunächst als enges, tief eingeschnittenes Tal, weithin überragt von den scharf gezeichneten Gipfeln der Unterengadiner Dolomiten um Piz S-Chalambert und Piz Lischana. Wald bedeckt den steilen, von tiefen Tobeln durchschnittenen rechten Uferhang des Inn. Hoch oben auf den sanfteren linksufrigen Terrassen liegen die Dörfer: Martina, Sent, Ftan, Ardez, Guarda – jedes für sich eine architektonische Kostbarkeit, ist das Unterengadin doch außerhalb der Ferienregion Scuol-Tarasp-Vulpera recht unberührt von der nivellierenden Bauweise des modernen Fremdenverkehrs geblieben. Einfühlsam und einfallsreich passen sich die traditionellen Häuser dem Gelände, der Straßenführung und Platzgestaltung an, bemerkenswert gut fügen sie sich ins Gesamtbild der Ortschaften. Mit weißen Mauern und kaum geneigten Dächern, mit den kleinen tiefliegenden Fenstern und den beiden Eingängen ähneln sie einander: Nicht umsonst spricht man vom »Engadiner Haus«. Und doch beweist jedes einzelne mit unterschiedlich großen und gegeneinander versetz-

Die Burg Riom wurde um 1200 erbaut.

ten Fenstern, mit Erkern und vor- oder zurückgesetzten Mauerfronten, mit geschnitzten Toren, Inschriften, Sgraffiti und geschmiedeten Fenstergittern höchst selbstbewußt seine Individualität. Die Menschen sprechen Valader, ein rätoromanisches Idiom; ihr Gruß »Allegra« bedeutet nichts anderes als »Freue dich«.

Ramosch/Remüs liegt mitten im sogenannten »Unterengadiner Fenster«. Die Geologen finden es höchst interessant, denn hier hat die Verwitterung Gesteinsschichten freigelegt, die sonst ringsum überdeckt sind. Einzigartig ist auch die Trockenrasen-Flora bis hinauf nach Vnà und rings um die *Ruine Tschanüff*. Die Burg, die 1256 durch Meinhard, Graf von Tirol und Görz, errichtet wurde und später Ministerialen des Churer Bischofs gehörte, war neben Tarasp die wichtigste

Befestigungsanlage des Unterengadin. Durch die Jahrhunderte einbezogen in die Auseinandersetzungen mit dem Haus Habsburg, mehrfach zerstört und wieder aufgebaut, gehört Tschanüff, das man erst nach dem Erdrutsch von 1780 dem Verfall überließ, heute zu den eindrucksvollsten Burgruinen Graubündens.

Sent wurde noch häufiger als Ramosch von verheerenden Bränden heimgesucht. Doch blieb genug erhalten, um das *Ortsbild* unverwechselbar zu machen. Ungewöhnlich schlank und hoch überragt der weithin sichtbare Kirchturm das Dorf in 1433 Metern Höhe. Wie überall gibt es Erker und Sgraffiti, auch Malereien, die manchmal Tiroler Einfluß verraten. Manches Haus aber ist hier nicht auf typische Art weiß gekalkt, sondern rosa- oder ockerfarben gestrichen. Nicht wenige besitzen einen typischen »Senter Giebel«: glockenförmig geschweift, oft ausgemalt und mit einem geschmiedeten Gitter geschmückt.

Heilquellen machten **Scuol/Schuls**, den größten und wichtigsten Ort des Unterengadin, schon im Mittelalter bekannt. Wer Schuls nur im Kurbereich erlebt oder entlang der Durchgangsstraße, gewinnt allerdings ein recht einseitiges Bild. Konnte sich doch gerade Unter-Schuls (Scuol-Suot) mit seiner auf einem felsigen Hügel gelegenen Kirche sein altes Gesicht überraschend gut bewahren. Am schönsten ist der *Büglgrond* (Dorfplatz), auf den die Berge hereinschauen, wo Mineralwasser aus dem Brunnen sprudelt und die Fronten der Häuser mit Erkern, mit Sgraffiti, Wappensteinen und schmiedeeisernen Fenstergittern geschmückt sind. Hier steht auch die *Chà Gronda*, das Große Haus, das auf eine Klostergründung Ende des 11. Jahrhunderts zurückgeht. Im frühen 18. Jahrhundert erhielt es seine Lauben und beherbergt nun das *Museum d'Engiadina Bassa*, das Unterengadiner Heimatmuseum mit einer Sammlung von historischen Gebrauchsgegenständen. Ganz besondere Tage sind in Schuls der erste Sonntag im Februar, an dem abends der Hom strom, ein riesiger Strohmann, Symbol des Winters, verbrannt wird, und der 1. März, der Chalandamarz. Da ziehen die Buben nach altem Brauch mit Schellengeläut und Peitschenknallen durchs Dorf, um mit dem Lärm die bösen Geister zu vertreiben.

Die »Römersäulen« an der Julierpaßstraße sind vermutlich Überreste eines antiken Heiligtums.

Die Durchgangsstraße nach Zernez hält sich eng an den Inn, führt meist durch Wald den Hang entlang. Interessanter, aussichtsreicher ist es, der streckenweise recht schmalen Höhenstraße zu folgen, die von alters her die Dörfer verbindet. Da schaut man, noch ehe Ftan erreicht ist, wie aus dem Flugzeug hinunter auf **Schloß Tarasp**, das mit all seinen Mauern und Türmen wirkt wie das Stein gewordene romantische Phantasiebild einer mittelalterlichen Burg. Tarasp wurde schon im ausgehenden 11. Jahrhundert gegründet und bis ins 17. Jahrhundert immer wieder erweitert und verstärkt. Obwohl es vom 13. Jahrhundert an in die Machtkämpfe zwischen Chur und Tirol, zwischen den Engadinern und Österreichern, verwickelt war – durch die Jahrhunderte war es eine österreichische Enklave im Bündner Gebiet – wurde die Burg nie ernsthaft beschädigt. Erst im 19. Jahrhundert überließ man sie dem Verfall. Doch dann kaufte der deutsche Fabrikant Karl August Lingner die ganze Liegenschaft und ließ die Burg zwischen 1907 und 1916 im Geschmack der Zeit renovieren. Sie ist heute eine der bedeutendsten Anlagen Graubündens und kann – nun im Besitz des Großherzogs von Hessen – während der Sommermonate besichtigt werden.

Ftan liegt schon auf 1648 Metern Höhe. Großartig wie nirgendwo sonst ist der Blick auf die Unterengadiner Dolomiten um den Piz Lischana. Die alte Straße bleibt auf der Höhe, umgeht den Burghügel von Umbrain und quert auf steinerner Brücke das Val Tasna. Wenn der Bergfried der *Ruine Steinsberg* auftaucht, ist man schon fast in **Ardez.** Wie das nahe, stärker auf Fremdenverkehr ausgerichtete Guarda hat man es zum »Ort von nationaler Bedeutung« erklärt. Tatsächlich kann Ardez mit seinem in seltener Geschlossenheit und Unberührtheit erhaltenen *Ortsbild* geradezu als Musterbeispiel eines Unterengadiner Dorfes gelten. Da es seit 1622 von keinem größeren Brand heimgesucht wurde, stammen viele der Häuser noch aus dem 17. und 18. Jahrhundert. Mit dem stattlichen *Haus Planta* ist sogar ein Renaissancebau aus dem Jahr 1591 erhalten. Auch die *Kirche* wurde noch im 16. Jahrhundert erbaut. Sie kann die Spätgotik noch nicht völlig verleugnen und ist doch der einzige größere Sakralbau, den Graubünden der Renaissance verdankt. Eigentlich ist es ungerecht, einzelne Häuser hervorzuheben wie etwa jenes berühmt gewordene, das sich Dumeng Clalgüna 1647 errichten ließ und das 1707 so reich bemalt wurde: Ein üppiger

Ein typischer Hauseingang in Sent.

Weinstock rankt sich um die Fenster und wappengeschmückten Erker, Eva reicht unterm Apfelbaum ihrem Adam den Apfel, ein ganzer Trupp Soldaten zieht heran. Man muß sich einfach Zeit lassen in Ardez. Es ist im Grunde ein einziges Freilichtmuseum der Unterengadiner Baukunst. Vor allem aber ist es – und das macht Ardez besonders attraktiv – gleichzeitig ein lebendiges, wohlerhaltenes Dorf. Da und dort hört man es muhen, blankpolierte Milchkannen stehen vor den Türen, Wasser plätschert aus den zahlreichen Brunnen, und immer hängt ein wenig Heuduft, ein wenig Strohduft und manchmal auch ein wenig Stallgeruch in den Gassen.

Bleibt man auf der alten Höhenstraße, so kommt man über **Bos-cha** – bizarr geschweift der Giebel des um 1830 gebauten Hauses Villetta – nach **Guarda**, der zweiten großen architektonischen Kostbarkeit des Unterengadin. Wie ein Balkon liegt es über dem Inntal. Im Volksmund bedeutet der Name Guarda nichts anderes als »Schau«, und auch das 1160 auftauchende »Warda« läßt an die Aussicht denken, die man von dieser »Warte« in 1653 Metern Höhe talauf, talab hat. Guarda ist ein ausgeprägtes Straßendorf. Als die Höhenstraße noch der einzige Verbindungsweg war, gab es hier 15 Herbergen, jede mit Platz für 50 Pferde. Im 17. und 18. Jahrhundert konnte man sich Häuser leisten, die in ihrer behäbigen Würde, im Schmuck ihrer Sgraffiti und Hausinschriften, ihrer geschmiedeten Fenstergitter und Türklopfer, ihrer geschnitzten Türen ganz zu Recht als »Bauernpaläste« bezeichnet werden. Schon in den vierziger Jahren hat der aus Guarda stammende Architekt Jachen Ulrich Könz mit viel Liebe und Sachkenntnis die Restaurierung vieler Häuser vorangetrieben: Guarda wurde zum vielbewunderten Vorbild für die Erhaltung dörflicher Bausubstanz in ganz Graubünden.

In Giarsun ist man wieder auf der Durchgangsstraße. Sie verläuft nahe dem Talgrund des Inn, bahnt sich jenseits von Susch und der Einmündung der Flüelastraße ihren Weg durch die bewaldete Enge der »Clüs«. Bis zur Grenze zum Oberengadin liegen die Orte – Lavin, Susch, Zernez – nun unten im Tal. Die verheerenden Brände, die vor allem im 19. Jahrhundert wüteten und Susch noch 1925 heimsuchten, haben ihren ursprünglichen Charakter weitgehend zerstört.

Nationalpark und Val Müstair: Zwischen Zernez und Müstair

Die Straße von Zernez ins Val Müstair wurde von 1870 bis 1872 gebaut. Geteert hat man sie erst zu Beginn der sechziger Jahre. Durch die Jahrhunderte aber bildete der 2149 Meter hohe **Ofenpaß (Pass dal Fuorn)** die strategisch wichtigste Verbindung zwischen Etsch- und Inntal. Nicht umsonst wurde das früh zum Bistum Chur gehörende Val Müstair immer wieder hineingezogen in die Auseinandersetzungen zwischen Österreich und Graubünden; nicht umsonst wurde es häufiger und heftiger als jede andere Bündner Region von Kriegen heimgesucht.
Auffallend unterschiedlich ist die Landschaft diesseits und jenseits des Passes. Erinnert doch weit mehr als der Name Ofenpaß an die Zeit, als bei Il Fuorn die Schmelzöfen und bei Stabelchod die Schmieden standen, als allein in S-charl bis zu 80 Bergknappen lebten. Zwischen Zernez und der Paßhöhe liegt keine einzige Siedlung. Düster wirkt der Wald mit seinen abgestorbenen, mühsam ums Überleben kämpfenden Bäumen. Noch hat er sich nicht erholt von dem Raubbau, der jahrhundertelang mit der Verhüttung und Verarbeitung der hier geförderten Silber-, Blei- und Eisenerze verbunden war.
Jenseits des Passes ist alles anders. Dort, wo auf der Höhe von Süsom Givè schon die Schneefelder des Ortler am Horizont erscheinen, öffnet sich der Blick auf eine weite, von Wäldern begleitete Wiesenmulde, auf ein grünes, lieblich wirkendes Tal. Heller, wärmer scheint die Sonne zu sein. Im Talboden reihen sich entlang der alten Straße bis hin nach Müstair die Dörfer. Nur Lü, wo man in 1920 Metern Höhe die letzten Roggenäckerchen bestellt, liegt auf einer Terrasse rund 300 Meter über dem Tal.
Wie so oft in Graubünden findet der Besucher auch um den Ofenpaß Natur und Kunst nah beieinander. Fährt man doch zwischen Zernez und der Paßhöhe länger als zehn Kilometer mitten durch den 168 Quadratkilometer großen Schweizerischen Nationalpark, trennen nicht einmal 30 Kilometer das in seinem Zentrum gelegene Il Fuorn von der zum »Kulturerbe der Welt« erklärten Klosterkirche in Müstair.

Der große Brand von 1872 ließ in **Zernez** nicht viel zurück. Lohnender als ein Gang durch die Ortschaft ist der Besuch des informativen Museums, das dem **Schweizerischen Nationalpark** gewidmet ist. Dessen Ziel war es von Anfang an, »die gesamte Tier- und Pflanzenwelt ganz ihrer freien natürlichen Entwicklung zu überlassen« und vor allen menschlichen Eingriffen zu schützen. Außerhalb der numerierten Parkplätze darf daher nicht geparkt werden. Auch die von dort ausgehenden rot-weiß-rot markierten Wege dürfen nicht verlassen werden. Sie führen in so interessante Gebiete wie das Val dal Botsch, zur Alp Grimmels, dem Munt la Schera oder zum Blockhaus Cluozza, in dem man auch übernachten kann. Von dort aus läßt sich die Alp Trupchun in 2040 Metern Höhe erreichen, wo häufig sogar

Charakteristische Eingangstür eines Hauses in Guarda.

Steinböcke zu beobachten sind. Immer aber erlebt man großartige, unberührte Berglandschaften, kann mit etwas Glück und Geduld neben zahlreichen Murmeltieren auch Rudel von Rotwild und Gemsen entdecken. Nötig sind wie bei jeder Bergwanderung gute Schuhe und zweckmäßige Kleidung, die den Tieren zuliebe nicht zu auffallend sein sollte. Falls man diese beobachten und sich nicht nur an Landschaft und Pflanzen freuen möchte, sollte man einen Feldstecher mitbringen, besser noch ein Fernrohr mit Stativ. Der Nationalpark ist kein Zoo, die Tiere sind Wildtiere und meiden die menschliche Nähe.

Politisch beginnt das **Münstertal** schon beim Wegerhaus von Buffalora. Geht man durch die Dörfer, durch **Tschierv**, **Fuldera** oder **Valchava**, durch Sta. Maria oder Müstair, so fällt die Eigenständigkeit auf, die sich dieses nur 20 Kilometer lange Tal zwischen Engadin und Vintschgau bis heute bewahrt hat und in dem man liebevoller als anderswo am Überkommenen festhält. Obwohl die Häuser im Engadiner Stil gebaut sind, ist die Nähe Tirols unverkennbar. Farbiger sind die Häuser, häufiger mit Malereien als mit Sgraffiti geschmückt. In Valchava krönt eine Tiroler Zwiebel seit dem 18. Jahrhundert den Turm der gotischen, um 1460 erbauten Kirche; im Oberdorf von Tschierv und an der nun dem Talmuseum dienenden *Chasa Jaura* in Valchava finden sich zwei ausgesprochen schöne Beispiele der doppelstöckigen Tiroler Erker.

Besonders stattlich sind die Häuser in Sta. Maria und in Müstair. In **Sta. Maria**, wo man dank der Lage an der Kreuzung zweier Paßstraßen, der Straßen zum Ofen- und zum Umbrailpaß, ohnehin nicht allein auf die Viehwirtschaft angewiesen war, widmete man sich auch der Weberei. In **Müstair** erinnern ausgedehnte »Susten« (Lagerräume, Stallungen) an die Bedeutung, die dem Ort lange Zeit im Handel zwischen Nord und Süd zukam. Schon für das 13. Jahrhundert ist ein Tuchmarkt belegt, auf dem sich vor allem lombardische Händler mit handgewebten grauen Lodenstoffen eindeckten. Vielleicht diente auch die Chasa Chalavaina zeitweilig diesem Handel. Sicher war sie wie heute Gasthof, als Benedikt Fontana 1499 vor der Schlacht an der Calven von hier aus seine 8000 Bündner mit zündender Rede zum Kampf gegen die Österreicher anfeuerte.

Das *Kloster*, in dessen Schutz sich die Siedlung entwickelte, wurde im 8. Jahrhundert während der Regierungszeit Karls des Großen gegründet. Seit dem Jahr 1163 sind hier Benediktinerinnen zu Hause. Berühmt wurde die großenteils noch aus der Gründungszeit stammende Kirche wegen ihrer ungewöhnlich umfangreichen und gut erhaltenen Wandmalereien aus karolingischer und romanischer Zeit. Sie machen Müstair zu einer Kunststätte von europäischem Rang.

Das Oberengadin: Zwischen Zernez und Maloja

Der Inn gab dem ganzen Engadin den Namen. Er entspringt in 2484 Metern Höhe im kleinen Lunghinsee, stürzt sich bei Maloja noch jung und ungebärdig in einem Wasserfall hinunter auf 1797 Metern zwängt sich jenseits Zernez durch die wälderdunklen Schluchten des Unterengadin. Dazwischen liegt eine Landschaft von heller Weite und seltener Harmonie. Wiesen und Lärchenwälder umgeben die Kette der bald leuchtend blauen, bald perlmuttfarbig schimmernden Seen. Schneebedeckte Berge, höher als 3000 Meter, spiegeln sich in ihnen. Kein Wunder, daß sich das Oberengadin, dieses sonnenverwöhnte Hochtal in 1600 bis 1800 Metern Höhe, zum beliebtesten Feriengebiet Graubündens entwickelt hat, zumal die Wander- und Sportmöglichkeiten schier unerschöpflich sind und die Hotellerie in den Orten alle Wünsche erfüllt.

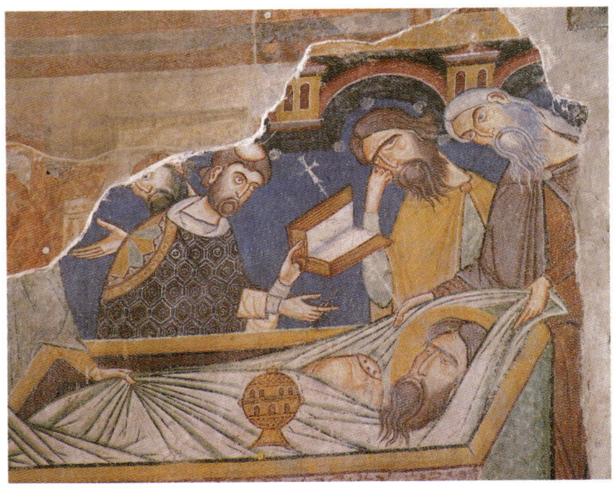

Romanisches Fresko in der Klosterkirche von Müstair.

Schon immer lebte man hier nicht allein von der Landwirtschaft. Tavernen und Gasthäuser, in denen Säumer und Fuhrleute verköstigt wurden und Unterkunft fanden, gehörten durch die Jahrhunderte zum Bild des Tals. Früher als anderswo aber kam man allein zum Vergnügen hierher. Es waren die Engländer mit ihrer Vorliebe für sportliche Aktivitäten, die das Oberengadin bereits im vorigen Jahrhundert entdeckten, die aber auch jenen Snobismus ins Tal brachten, der St. Moritz bis in unsere Tage zum exklusivsten Wintersportort der Alpen macht, zum Treffpunkt all jener, die dazugehören und dazugehören möchten.

Schon für Friedrich Nietzsche, den bekanntesten unter all den prominenten Besuchern dieses Landstrichs, war das Oberengadin »eine Landschaft, wo Italien und Finnland zum Bunde zusammengekommen sind«. Heute heißt es nicht umsonst in jedem Wetterbericht des Schweizer Radios: »Alpensüdseite und Engadin«. Tatsächlich scheinen sich hier Norden und Süden zu verschwistern, scheint der Himmel blauer, die Luft klarer, die Sonne heller zu sein. Sie meint es gut mit dieser Sonnenterrasse Graubündens. Im Winter, der zur Freude der Sportler meist länger dauert als anderswo, strahlt sie vom blankgefegten Himmel auf den knirschenden Schnee. Dem kurzen, leuchtenden Frühling, der mit seinem Blühen Tag um Tag höher die Berge hinaufsteigt, folgt ein fast mediterraner Sommer und ein »goldener« Herbst, glühend im Gelb der Lärchen.

Die Häuser, die Dörfer, die hier alle unten im Tal liegen, sind eigentlich nicht viel anders als jene im Unterengadin. **Cinuos-chel**, abseits der Durchgangsstraße, ist hierfür ein gutes Beispiel und geradezu ein Geheimtip mit seinen Sgraffiti, die wie die geschwänzten Fabelwesen, die Drachen und Meerjungfrauen am *Haus Capon* meist aus dem 17. Jahrhundert stammen. Je näher die Orte bei St. Moritz liegen, desto ärmer sind sie allerdings an ursprünglichen Bauten. Bemerkenswertes aber findet sich überall: in **S-chanf** die Häuser der Familie Perini aus dem 17. Jahrhundert; auf dem Felskopf über **Madulain** die Ruine der Burg Guardaval, die der Bischof von Chur 1251 errichten ließ; in **La Punt** neben ein paar Herrenhäusern mit prächtigen Balkon- und Fenstergittern der zinnenbekrönte Bau, den Ulrich Albertini 1642 so selbstbewußt ans Ufer des Inn stellte; in **Bever** einige sehenswerte Häuser in der Hintergasse und die um 1350 entstandenen, erst 1968 entdeckten Fresken eines lombardischen Malers an der Portalwand der Kirche mit einer besonders liebenswürdigen Darstellung des heiligen Georg bei seinem Kampf mit dem Drachen; in **Samedan** neben der barocken, innen wie außen so festlichen, heiteren Kirche und dem um 1750 von der Familie Planta errichteten jetzigen

Gemeinde- und Pfarrhaus mit seiner herrschaftlichen Freitreppe das Plantahaus am Plazett. Es ist heute Sitz der Stiftung »Società Retorumantscha« und kann mit seinen getäfelten Räumen und prachtvollen Turmöfen als Muster eines Engadiner Herrenhauses gelten.

Zuoz, seit dem 13. Jahrhundert die Heimat jener Planta, die sich in glorreichem Aufstieg an die Spitze aller Engadiner Familien setzten, ist weitaus am besten erhalten. In manchem Haus versteckt sich noch ein mittelalterlicher Wohnturm, geprägt aber wird Zuoz von der Zeit zwischen 1600 und 1800. Am charakteristischsten, charaktervollsten ist die Weite des Dorfplatzes, wo der Bär, das Wappentier der Planta, den Brunnen schmückt, die Häuser allesamt aus dem 16. und 17. Jahrhundert stammen und das *Obere Plantahaus* mit seiner Freitreppe von 1770 eine so machtvolle Dominante setzt.

San Gian bei **Celerina**, eine der Mutterkirchen des Inntals, ist zum Wahrzeichen des Oberengadin geworden. Kaum zu übertreffen ist die landschaftliche Lage, einsam auf einem Hügel über dem Inn; unverwechselbar das Bild ihrer beiden Türme, dem hohen mächtigen von 1478 mit dem offenen Dach und dem niedrigen wohlerhaltenen aus der Zeit der Romanik. Sehenswert ist auch das Innere. Fresken aus dem 15. Jahrhundert finden sich hier und eine jener für Graubünden so typischen farbig bemalten Holzdecken.

St. Moritz ist nicht schön. Selbst die Fremdenverkehrswerbung würde nicht etwas anderes behaupten. Sein Ruf aber scheint ungebrochen, auch wenn heute die Pauschaltouristen kaum weniger wichtig sind als die Happy Few, die ihn begründeten. Lange war San Murezzan ein Dorf wie viele, bekannter höchstens durch seine schon von den Römern geschätzten Heilquellen. Die Badekuren, die im 19. Jahrhundert in der feinen Gesellschaft in Mode kamen, brachten die ersten Gäste: königliche Hoheiten, Angehörige der Aristokratie und des Geldadels, Künstler, Hochstapler. Dann konnte der Hotelier Hans Badrutt im Jahr 1864 einige englische Dandys davon überzeugen, daß der Winter im Engadin sonniger sei als der Sommer in England: »Moriitz« begann seinen unaufhaltsamen, durch die Schickeria der siebziger, achtziger Jahre gefestigten Aufstieg zu einem der mondänsten Wintersport- und Ferienorte Europas. Tatsächlich ist der weltweite Ruf als Dorado des Wintersports nicht unbegründet: Zweimal, 1928 und 1948, fanden hier Olympische Spiele statt, regelmäßig werden internationale Bobmeisterschaften veranstaltet. Wo sonst sind derart ausgefallene Freizeitbeschäftigungen so selbstverständlich wie hier: Curling, Golf und Polo im Schnee, Skijöring auf dem Eis oder die rasende Fahrt auf dem Skeleton den berühmt-berüchtigten *Cresta Run* hinunter, das Kinn zehn Zentimeter über dem Eis, bis zu 145 Stundenkilometer schnell. Falls man nicht auch einige der traditionsreichen Hotels oder die Conditorei Hanselmann dazuzählen möchte, so sind zwei *Museen* die bedeutendsten Sehenswürdigkeiten. Das eine ist der Engadiner Kultur und Volkskunst gewidmet, das andere zeigt die bedeutendste Sammlung von Arbeiten des Malers Giovanni Segantini, der entscheidende Jahre seines Lebens und Schaffens im Oberengadin verbrachte.

Innaufwärts dominiert die Landschaft. Wer von Surlej/Silvaplana mit der Seilbahn zum **Corvatsch** hinauffährt, dem liegt eine ganze Welt zu Füßen: das halbe Oberengadin von Maloja bis St. Moritz, die Kette jener Seen, die der Inn durchfließt und in denen sich die schneehellen Gipfel des Piz Corvatsch (3541 m) und des Piz da la Margna (3159 m) spiegeln. Hier ist das Oberengadin am schönsten; hier ist es tatsächlich »die Heimat aller silbernen Farbtöne«, wie Friedrich Nietzsche meinte, der acht Sommer in einem höchst bescheidenen Haus – heute beherbergt es ein Museum – in Sils-Maria verbrachte und hier seinen »Zarathustra« vollendete. Wie **Silvaplana** und **Maloja**, wo Giovanni Segantini begraben liegt, ist längst auch **Sils** mit seinen beiden Ortsteilen Sils-Maria und Sils-Baseglia zum vielbesuchten Ferienort geworden. Viele der alten Häuser mußten pflegeleichteren Neubauten weichen.

Der Dorfplatz von Zuoz mit dem Oberen Plantahaus.

Wer aber hinauf nach **Grevasalvas** wandert oder ins autofreie, unter Natur- und Landschaftsschutz stehende **Fextal**, wird dort die ersten typischen, mit mächtigen Steinplatten gedeckten Bergeller Häuser sehen, verläuft doch die alte Grenze zwischen dem Oberengadin und dem Bergell nicht etwa auf der Paßhöhe des Maloja, sondern mitten durch den Silser See.

Von Samedan über den Bernina ins Puschlav

Kaum irgendwo sonst erlebt man bei einer Fahrt von nicht einmal 50 Kilometern so gegensätzliche Landschaften wie zwischen Samedan und der italienischen Grenze. Die erst von 1842 bis 1865 gebaute Straße über den 2328 Meter hohen Berninapaß – seit 1910 bezwingt ihn auch die Rhätische Bahn – verbindet das Oberengadin, das den Norden bei aller südlichen Heiterkeit keineswegs verleugnet, mit dem Puschlav, wo Wein und Tabak, Feigen- und Mandelbäume gedeihen und die ersten Zypressen wachsen. Dazwischen liegt eine der großartigsten Hochgebirgsregionen der Alpen. So nah ist man den schneebedeckten Viertausendern der Berninagruppe, daß man den eisigen Hauch ihrer Gletscherfelder fast zu spüren meint. Manchmal begegnet man auf diesen 50 Kilometern gleich drei Jahreszeiten: dem Frühling im Engadin, dem Winter hoch oben auf der Paßhöhe, dem Sommer im Puschlav.
Funde beweisen, daß das Puschlav bis hinauf zur Alp Grüm bereits in vorgeschichtlicher Zeit besiedelt war. Schon um 1200 hatte neben dem Kloster St. Denis bei Paris auch der Churer Bischof hier Besitzungen. Allzu eng aber waren die Bindungen nicht. Noch heute sind Kultur, Bau- und Lebensweise eher italienisch geprägt, und bis zum Aufschwung des Tourismus hatte auch der Weg über die Paßhöhe nur zu jener Zeit größere Bedeutung, als nach der Eroberung des Veltlin durch die Bündner dem Weinhandel eine größere Bedeutung zukam.

Muottas Muragl (2453 m), bequem mit einer Drahtseilbahn erreichbar, ist der wohl bekannteste Aussichtsbalkon des Engadin und Ausgangspunkt einiger der schönsten Höhenwanderungen. Man überblickt das ganze Hochtal des Oberengadin mit seinen Seen, schaut hinüber zu den Bergen um Piz Julier und Piz Nair, sieht das Rosegtal und die Gipfel und Gletscher des Berninamassivs. Ohne größere Anstrengung sind die Alp Languard zu erreichen und die Segantinihütte in 2731 Metern Höhe, wo 1899 der berühmteste Maler der Engadiner Landschaft starb.

Pontresina hat als Ferienort eine lange Tradition, schätzten von jeher doch nicht allein die Bergsteiger die Nähe der Berninagruppe mit so berühmten Gipfeln wie dem Piz Palü (3905 m) oder dem Anstieg über den grandiosen Biancograt. Außergewöhnlich vielfältig sind auch die Wandermöglichkeiten und besonders beliebt die Fahrten ins *Val Roseg*, im Sommer mit der Pferdekutsche, im Winter mit dem Schlitten. Dabei ist Pontresina keineswegs so mondän wie das nahe St. Moritz. Im alten Dorfteil finden sich sogar noch ein paar traditionelle Bauernhäuser. Wo der Weg hinaufführt zur Alp Languard, liegt zwischen den Bäumen der fünfeckige Wohnturm der einstigen Herren von Pont Zarisino, der Spaniolaturm. Dort steht auch die *Pfarrkirche Sta. Maria* mit ihrem romanischen Turm, den Fresken aus dem 13. und 15. Jahrhundert und der vielfarbigen Holzdecke von 1497. Wie der »König der Bernina«, Gian Marchet Colani (1772–1837), dessen geheimnisumwittertes Leben die Phantasie bis heute beflügelt, fand so mancher Bergsteiger auf dem kleinen Friedhof die letzte Ruhe.

Bis zur Paßhöhe verlaufen Straße und Rhätische Bahn nahezu parallel. Großartig sind da wie dort die Ausblicke, am umfassendsten wohl bei der berühmten **Montebellokehre**, wo sich über dem Eisstrom des Morteratschgletschers das ganze Panorama vom Piz Palü über Bellavista und Crest'Agüzza bis zum Piz Bernina und zum Piz Morteratsch ausbreitet. Gemeinsam kommen Bahn und Straße an den Talstationen **Diavolezza** und **Lagalb** vorbei, an den Gletscherseen Lej Pitschen und Lej Nair; fast gemeinsam erreichen sie die Paßhöhe. Dann aber beginnt die Straße ihren kehrenreichen Abstieg hinunter ins Puschlav, während der Bernina-Express weiter den Lago Bianco entlangfährt und wenig später die **Alp Grüm** erreicht. Bis Poschiavo hat die Berninabahn nun 1077 Höhenmeter auf einer Strecke von 16,6 Kilometern zu bewältigen. Nicht umsonst hat man sie einmal als die »kühnste, frechste Bahn der Welt« bezeichnet. Vorher aber lohnt es sich, hier, wo im Blau der Ferne das ganze, tief zwischen die Berge eingesenkte Puschlav auf einen Blick zu sehen ist, die Fahrt zu unterbrechen. Es ist nicht weit hinauf zur Hochalp **Sassal Masone**. Umfassender noch ist dort die Aussicht,

Bei Sils-Baseglia verläßt der junge Inn den Silser See.

Puschlaver Milchkeller von Sassal Masone.

gut der Veltliner und das aus Buchweizen gebackene würzige Puschlaver Ringbrot. Eine besondere Attraktion des kleinen Bergrestaurants sind zwei Puschlaver Milchkeller. Völlig mörtellos aus übereinandergeschichteten Felsplatten errichtet, erinnern sie an die Trulli Süditaliens.

Kaum weniger typisch als diese selten gewordenen überkuppelten Rundbauten ist die Puschlaver Siedlungsweise. Fast immer scharen sich die Häuser in kleinen Gruppen um eine Kirche. Selten sind es wie Angelo Custodi, Miralago oder Brusio richtige Dörfer. Die einzige wirklich städtische Siedlung ist **Poschiavo**, von dem es schon um 1740 heißt, es sei »ein wohlgebauter Haubtflecken«. Mittelalter, Renaissance und Barock verbinden sich hier zu einem Bild von spannungsreicher Vielfalt. Es lohnt sich, durch die Gassen zu schlendern; über den Fluß zum mächtigen Kubus der 1665 errichteten *Casa Mengotti*, die nun das Puschlaver Heimatmuseum beherbergt; zum *Spaniolenviertel* am südlichen Ortsrand. Wie so viele Bündner mußten auch die Puschlaver zeitweilig ihr Auskommen im Ausland suchen. In die Heimat zurückgekehrt, ließen sich um 1850 jene Familien, die als Konditoren und Cafetiers in Spanien zu Wohlstand gekommen waren, eine ganze Zeile von Palazzi errichten: ein wirklich einzigartiger, von üppig grünenden und blühenden Gärten begleiteter Baukomplex. Am italienischsten aber präsentiert sich Poschiavo rings um die Piazza communale, wo der hohe romanische Campanile der *Stiftskirche S. Vittore* den Akzent setzt. Das *Beinhaus am Oratorio Sta. Anna* ist ein höchst eindrucksvolles Memento mori, und im Rathaus versteckt sich noch ein mittelalterlicher Wehrturm. Ringsum aber stehen *Patrizierhäuser* wie der Palazzo Masella von 1682, die Casa Marchesi und die Landolfi-Häuser, kubisch und mit flachem, abgewalmtem, mit Steinplatten gedecktem Dach und steinernen Wappen über dem Portal.

Fährt man nach Süden weiter, kommt man an der *Kirche Sta. Maria Assunta* vorbei. Von zwei Seiten steigen Weg und Treppe hinauf zu dem zu Beginn des 18. Jahrhunderts entstandenen, so heiter und ganz italienisch wirkenden Zentralbau. Bald ist man in **Le Prese** und am Ufer des Lago di Poschiavo, kann hoch oben den Turm der *Wallfahrtskirche San Rumedi* sehen, deren Unterkirche – hart an der Steilwand, die 600 Meter zum See abfällt – in den Fels geschlagen ist. Dann der großartige Blick von **Miralago** zurück über den ganzen See, und man ist in **Brusio**, wo die Rhätische Bahn mit einem sensationellen Kreisviadukt noch einmal eine ihrer Kapriolen vollführt, ehe sie fünf Kilomter weiter im schon italienischen Tirano ihre Endstation erreicht.

Das Bergell: Zwischen Maloja und Castasegna

Fast eben fährt man von St. Moritz nach Maloja. Dann aber geht es von der Paßhöhe aus plötzlich 300 Meter in die Tiefe. In zwölf engen Kehren stürzt sich die Straße, die bis zur italienischen Grenze bei Castasegna auf 22 Kilometern immerhin rund 1100 Höhenmeter zu überwinden hat, hinunter zum Talkessel von Cavril, dem obersten der vier Bergeller Talstufen. Die Maira (Mera), die das so tief eingeschnittene Tal schuf – die Kelten nannten sie nicht umsonst »die Mächtige« –, ist ein echter Fluß des Gebirges. Ihr tosender Übermut ließ nicht viel Raum für Wiesen oder Äcker. Noch heute bringen die Bauern ihr Vieh zum »Ausfüttern« in die für das Bergell (Val Bregaglia) so charakteristischen »Maiensässe«, die oft weit entfernt liegen, manchmal wie Blaunca, Grevasalvas oder Isola sogar jenseits des Malojapasses. Wie überall im Bergell sind dort die steinernen Häuser mit schweren Gneisplatten gedeckt.
Bis ins 19. Jahrhundert lebte das ganze Tal von dem Weg, der über den Septimer hinweg Süd und Nord miteinander verband. Die Römer zogen ihn entlang, Säumer und Händler, Fürsten und Pilger, Strauchdiebe und Soldaten. Mancher wurde reich. Voran die Herren von Castelmur, Prevosti, Salis und Stampa, deren Namen und Wappen, Häusern und Palästen man talauf, talab begegnet. Sie stellten sich in den Dienst der Bischöfe von Chur, denen Kaiser Otto I. im Jahr 960 das ganze Tal überlassen hatte, verdienten nicht allein am Warentransport, sondern auch an ihren hohen Ämtern und der Verwaltung der Lehnsgüter. Manchmal kämpften sie auch als Söldner unter fremden Fahnen. Viele aber mußten anderswo ihr Glück suchen, wurden Branntweinverkäufer oder

Der Blick von der Alp Grüm hinunter ins Puschlav.

Zuckerbäcker irgendwo in Europa, in Venedig und Frankreich, in Polen und Rußland. Zu Wohlstand gekommen, kehrten sie zurück und errichteten sich einige der schönsten Häuser des Tals.

Wer sich etwas Zeit läßt, wird sich dem Zauber des Bergell kaum entziehen können, selbst wenn er nicht zu jenen Bergsteigern gehört, die dem Klettern im rauhen Granit verfallen sind und für die der wahnwitzige Zahn der Cima dell Gallo oder die Grate und Flanken an Cengalo und Badile zu unvergeßlichen Erlebnissen werden. Auf ihre Art kaum weniger großartig sind zwei berühmte Wanderwege, die von den kühlen Fichtenwäldern und Almen unterhalb von Maloja bis hin zu den Kastanienhainen jenseits des Felsriegels von Promontogno führen: »**La Panoramica**« hält sich zwischen Casaccia und Soglio hoch oben am sonnseitigen Hang. Blumenbunte Wiesen und schattige Wälder begleiten den Weg, immer neu sind die Ausblicke auf die Zackenkämme der Albigna-, der Bondasca- und Scioragruppe. Der »**Sentiero storico**« erschließt zwischen Maloja und Castasegna nicht allein die landschaftliche Schönheit des Bergell. Er kann darüber hinaus zu einer beeindruckenden Begegnung mit der Geschichte des Tals werden, mit seiner italienisch beeinflußten und doch so eigenständigen Kultur. Wo sonst findet man noch derart in sich geschlossene, von der Moderne kaum gestörte Ortschaften wie hier: Schön sind sie alle mit dem Wechsel ihrer steinernen Wohn- und hölzernen Wirtschaftsbauten. Schön sind ihre schmalen, oft noch gepflasterten Gassen, an denen sich die Häuser mit rundbogigen Portalen, mit steinernen Treppen und geschmiedeten Fenstergittern so kraftvoll reihen. Schön die mit schweren Steinplatten gedeckten Dächer. Schön die Plätze, auf denen die Brunnen plätschern und in die von allen Seiten die Berge hineinschauen. Bis auf Soglio liegen sie alle an den Ufern der Maira: **Casaccia**, wo die nahe Ruine der gotischen *Kirche San Gaudenzio* an den Schutzheiligen des Bergell erinnert, der im vierten Jahrhundert den Märtyrertod erlitt. In Vicosoprano geköpft, soll er sich mit dem Kopf unter dem Arm den Standort seiner Kirche selbst gewählt haben. **Löbbia**, der Maiensäß unter den steinernen Zinnen des Piz Bacun und der Cima dal Largh. **Vicosoprano**, der Hauptort des Bergell, wo am Rathaus noch die alte Halskette des Prangers hängt, zwei Wohntürme des 13. Jahrhunderts zu finden sind und die schönsten Sgraffiti des ganzen Tals: die Darstellung eines Zweikampfes und eines jungen lautespielenden Mannes mit seinem Windspiel von 1577. **Borgonovo**, wo bei der Kirche S. Giorgio die drei Giacomettis begraben liegen. **Stampa** mit dem informativen *Talmuseum* in der prachtvollen *Ciäsa Granda* – 1581 erbauter Stammsitz der einflußreichen Herren von Stampa – und dem etwas flußabwärts gelegenen rosafarbenen *Palazzo Castelmur*, diesem zinnengeschmückten Märchenschloß des 19. Jahrhunderts. **Promontogno**, das sich an jener Stelle entwickelte, an der ein Felsriegel als eindrucksvolle Klimascheide wirkt und das Tal in das obere und das untere Bergell teilt. Schon die Römer hatten hier eine befestigte Zollstation. Als »Castellum ad Bergalliam« taucht eine Burg 831 in den Quellen auf, die 1190 von den Ministerialen des Churer Bischofs, den Herren von Castelmur, übernommen wurde. Noch sind neben der *Kirche Nossa Donna*, der Mutterkirche des Tals, die Reste der Burg und jener mittelalterlichen Talsperre »müraia« zu sehen, die mit bis zu 3,7 Meter dicken Mauern das Tal abriegelte. Auch ein paar typisch italienische Grotti sind zu finden, mit Felsenkellern und steinernen Tischen unter schattigen Kastanienbäumen. **Bondo**, wo Hieronymus Graf von Salis-Soglio, Hauptmann in venezianischen Diensten und Gesandter in Großbritannien, von 1765 bis 1774 den anspruchsvollsten Palazzo des Tals errichten ließ und 1960 in der *Kirche S. Martino* Fresken aus dem 15. Jahrhundert wieder ans Tageslicht kamen: Recht streng blicken die Apostel an der reichgedeckten Tafel des Abendmahls. **Castasegna** schließlich, umgeben von Kastanienhainen, lebhaft und ganz südlich wirkend, der letzte Ort des Bergell vor der italienischen Grenze.

Großartig ist die Lage von Soglio vor den Gipfeln der Sciora- und Bondascagruppe.

Am schönsten aber ist **Soglio**, hoch oben über dem Tal auf seiner sonnigen Terrasse. Auf einzigartige Weise verbindet sich die bäuerliche Enge seiner Gassen – so schmal sind sie, daß kaum ein Auto durchkommt – mit dem Anspruch der Familie Salis, die sich hier ein paar Jahrhunderte hindurch ein Herrenhaus nach dem anderen errichten ließ. Höchst stimmungsvoll kann man hier tafeln, beim Veltliner zusammensitzen und sogar übernachten, ist aus der einstigen Casa Battista doch das Albergo de Salis geworden, in dem nach dem Ersten Weltkrieg schon Rainer Maria Rilke Zuflucht fand. Wer hier ein paar Tage verbringt, durch die Kastanienhaine wandert, hinunterschaut auf den Ort, steinern und eng zusammengedrängt vor der großartigen Kulisse der Sciora- und Bondascagruppe, der wird verstehen, warum es heißt: »Soglio è la soglia al paradiso«, »Soglio ist die Schwelle zum Paradies«.

Jedes Jahr im September wird Flims während der Flimser Heißluftballonwoche zum Treffpunkt der internationalen Ballonfahrer.

Register

Kursive Ziffern verweisen auf Abbildungen.

Personenregister

Orts- und Sachregister

Die Karte auf Seite 120 zeichnete Astrid Fischer-Leitl, München.

Bildgestaltung:
Joachim Hellmuth
Lektorat: Cornelia Fischer, Kathrin Ullerich
Layout: H. Leonhard Guha, Ursula Pfistermeister
Herstellung: Kristina Kaiser
Reproduktionen:
Repro Ludwig, A-Zell am See
Druck und Bindung:
Mohndruck, Gütersloh

ISBN 3-517-01725-6